Lass uns
Gott
berühmt
machen

So gewinnen Christen in einer postmodernen Gesellschaft an Einfluss

D1662728

Mal Fletcner

Alle Rechte der deutschen Ausgabe bei:

Adullam Verlag
St.-Ulrich-Platz 8
85630 Grasbrunn
Tel 089/468801
www.adullam.de

ISBN 3-931484-45-9

Bestellungen sind an oben stehende Adresse zu richten.

1. Auflage, Juli 2005

Alle Bibelzitate wurden, wenn nicht anderweitig gekennzeichnet,
der Revidierten Elberfelder Bibel,
R. Brockhaus Verlag, Wuppertal 1992, entnommen.

Herstellung:
Übersetzung: Kathy Karmann
Umschlag: Anne Dittrich, Druckerei Mißbach
Satz und Umbruch: Adullam Verlag
Druck: Schönbach Druck GmbH, Erzhausen
Lektorat: Joshua Werling, www.wortschöpfung.de

Inhaltsverzeichnis

Was bekannte christliche Leiter über Mal Fletcher sagen:

„Ein Sprichwort besagt: Es gibt zwei Arten von Menschen. Die einen beobachten, wie die Dinge ihren Lauf nehmen, die anderen bringen die Dinge in Gang. Zuschauer und Aktivisten. Hin und wieder begegnest du jemandem, der in der Lage ist, beides zu tun. Ein Mensch, der mit prophetischem Blick erkennt, was in der Welt passiert, und darüber hinaus die Gabe besitzt, sie mächtig zu beeinflussen. Mal Fletcher ist so ein Mensch. Er ist ein Denker, ein Künstler und vor allem ein Mann, der Gott und die Menschen liebt."

Winkie Pratney,
Autor und Evangelist

„Wir werden heutzutage Zeugen, wie neue Ideen entstehen und unsere Gesellschaft durchdringen. Diese Ideen werden mit fortschrittlicher Technologie verknüpft und bisweilen erscheint die Gemeinde im Vergleich steril, spießig und irrelevant. Mein Freund Mal Fletcher gehört zu denen, die diese Themen ansprechen und auch wissen, wie die Gemeinde sein sollte. Er wurde mir in diesem Bereich zu einem besonderen Segen und schenkte mir und dem Leib Christi in Süd-Afrika neue Einsichten."

Pastor Ray McCauley, leitender Pastor
Rhema Church, Süd-Afrika

„Es gibt Menschen, die versuchen, sich selbst berühmt zu machen, sie suchen Ruhm und Glück. Aber Mal Fletcher hat sich als treuer Mann Gottes bewährt, der mit seinem Leben danach strebt, Gott berühmt zu machen. Er vermittelt das Evangelium mit einer kraftvollen Salbung und folgt seinem Ruf, Europa zu verändern. Sein Leben inspiriert viele Menschen, meinen Ehemann Mark und mich inbegriffen. Dieses Buch wird dir nicht nur ein Segen sein und dich inspirieren, es wird dich herausfordern, zu tun, was du kannst, um Gott berühmt zu machen!"

Darlene Zschech, Hillsong Music
Hillsong Church, Australien

„Mal Fletcher ist eine australische Legende. Selten haben Menschen unsere Ufer mit so wenig verlassen und dennoch so viel erreicht. Ich glaube, dass Mal ein Endzeit-Leiter mit einer erstaunlichen Salbung ist. Seine Integrität und seine Leidenschaft inspirieren mich sehr. Mal ist mein Vorbild!"

Pastor Jack Hanes, Präsident, First Priority
AOG World Missions, Australien

„Mal Fletcher erfüllt mit seiner Gabe, zu kommunizieren, eine Schlüsselrolle in unserer Zeit. Er besitzt eine einzigartige kreative sowie provokative Denkweise, die auf einer soliden biblischen Grundlage basiert. Er steht nicht nur zu seinem Wort, sondern lebt auch dementsprechend. Die Frucht seines Dienstes ist in ganz Europa zu sehen."

Pastor Stuart Bell, Leiter von
Ground Level Network of Churches, Großbritannien

„Als Freund und Kollege von Mal Fletcher fand ich seine geschriebenen Werke stets anregend und wurde von ihnen im Glauben auferbaut. Ein Buch von Mal Fletcher muss man gelesen haben. Du wirst dich sowohl zugerüstet als auch bereit fühlen, dich der Herausforderung in der Leiterschaft zu stellen."

Pastor Danny Guglielmucci, leitender Pastor
Southside Christian Church, Australien

„Mal Fletcher besitzt die einzigartige Fähigkeit, zu erkennen, was heute in der westlichen Gesellschaft gebraucht wird, und vermittelt kraftvoll und relevant die biblischen Lösungen. Gott benutzt ihn, die heranreifende Leiterschaft in der Gemeinde zu formen, insbesondere in Westeuropa. Mal hat eine Botschaft, die gehört werden muss."

Pastor Bayless Conley, leitender Pastor
Cottonwood Christian Centre, Los Alamitos, Amerika

„Mal Fletcher hat sein Leben dem Traum gewidmet, Gott berühmt zu machen. Seine Leidenschaft für diesen Zweck hat Tausende von jungen Menschen auf der ganzen Welt bewegt, genau das Gleiche zu tun. Wenn du dich danach sehnst, die Welt im 21. Jahrhundert für Jesus zu beeinflussen, dann ist dieses Buch genau das Richtige!"

Pastor Brian Houston, Präsident *AOG Australia* und leitender Pastor, *Hillsong Church*, Australien

Besonderer Dank gebührt

Mein Dank gilt:

Davina, meiner fantastischen Frau; einer wahren Frau Gottes, die Sprüche Kapitel 31 buchstäblich lebt. Dieses Buch ist wieder einmal das Ergebnis deiner Hingabe an unseren Ruf. Die wunderbaren Dinge, die wir bezeugt haben, wären ohne dich nicht geschehen.

Deanna, einem siebzehnjährigen Sweetheart, das Gott bereits durch ihr Leben, durch ihre Musik und ihr wöchentliches Radioprogramm berühmt macht.

Grant, einem vierzehnjährigen Schlagzeuger, der, wenn er nicht gerade in der Gemeinde Schlagzeug spielt, liebend gern Fernsehsendungen produziert, Websites erstellt und Football nach australischen Regeln spielt.

Jade, einer zwölfjährigen Prinzessin, die es liebt, die Bibel zu lesen, wundervoll schreiben kann und die graphische Künstlerin in unserer Familie ist.

Dem hingegebenen Team in unserem Europabüro: Marcus Andersson, für deine große Hingabe an unsere Mission; Marian King, dafür, dass du ein großartiges Land verlassen hast, um uns in Europa zu helfen; Tina und Rene Meyer, für all eure Kreativität und Hingabe an unsere Fernseharbeit; Dean Worth, dafür, dass du das Internet als Missionsfeld betrachtest.

Unseren geschätzten Mitarbeitern und Partnern in Europa, insbesondere: Jarle und Merete Tangstad und dem Team der *Copenhagen Pentecostal Church*, für eure Vision im Bereich der Kultur; Ray Bevan, Stuart Bell, Karl-Axel Mentzoni, John Angelina, Scott Wilson, Gary Clarke, Andrew Owen und Gunnar Swahn. Vielen Dank, dass ihr so hinter uns steht. Ihr seid Leiter, die die Zukunft erkennen.

All unseren Glaubenspartnern in Australien und im Rest der Welt, insbesondere: Danny Guglielmucci, Gary Rucci und dem Team des *Southside Christian Centre* für eure Hilfe, Europas geistliches Profil in meiner Heimat zu erheben.

Meiner Familie in Australien und meinen vielen wunderbaren Freunden auf der ganzen Welt. Ihr macht Gott berühmt und inspiriert mich!

Mal Fletcher

Lass uns
GOTT
berühmt machen

1

Das Ende

Es ist der 31. Dezember 1999. Wir stehen an der Schwelle eines neuen Millenniums. Auf der ganzen Welt geben sich die Menschen besonders Mühe, diesen außergewöhnlichen und einmaligen Silvesterabend zu feiern.

Ich habe CNN *eingeschaltet und schaue mir die Feuerwerksspektakel verschiedener Länder an. Ich gucke von meinem Zuhause in Europa zu, weit weg von dem Land, in dem ich geboren wurde. Jeglichen Nationalstolz mal beiseite gelegt, kann ich mir dennoch einfach nicht helfen und muss sagen, dass die beeindruckendste Show in Sydney geboten wird, wo sie den Himmel über dem Hafen erleuchtet.*

Die Show kostet drei Millionen Australische Dollar. Sie dauert 23 Minuten und bietet dem Zuschauer ein erstaunliches Feuerwerk an Farben und Klängen. Dann, die letzten Feuerwerkskörper explodieren und der Rauch klärt sich langsam auf, bleibt ein Wort in leuchtenden Buchstaben auf der gesamten Länge der Sydney Harbour Bridge stehen. Es ist wunderschön, in kalligraphischer Schrift geschrieben – „Ewigkeit".

In der Mitte des letzten Jahrhunderts fand jeden Morgen ein interessantes Schauspiel auf den Gehwegen und Straßen in und um Sydney statt. Auf dem Weg zur Arbeit ins Büro, mit dem Zug oder zu Fuß, wurden die Augen der Passanten von einem Wort gefesselt, das in wunderschöner Handschrift auf dem Fußweg geschrieben stand. Das Wort rief Fragen hervor. Fragen über den Sinn des Lebens und das Ziel der menschlichen Seele. Das Wort war bedeutungsgeladen – dort stand: „Ewigkeit".

Über Jahre hinweg war die Identität des Schreibers unbekannt. Niemand hatte ihn beim Schreiben beobachten können. Dennoch erschien das Wort jeden Tag aufs Neue und brachte die Menschen zum Nachdenken.

Siebenunddreißig Jahre lang tauchte das Wort in der ganzen Stadt und ihren Vororten auf – manchmal an den unmöglichsten Stellen (sogar im Inneren einer großen Glocke). Alles in allem erschien es über eine halbe Million Mal! Schließlich wurde der geheimnisvolle Täter entlarvt. Obwohl er stets die Öffentlichkeit gemieden hatte, erzählte er nun seine Geschichte.

Viele Jahre zuvor, als er als Soldat aus dem 1. Weltkrieg zurückkehrte, war er Alkoholiker gewesen. Er wuchs in sehr armen Verhältnissen auf. Seine Eltern und Geschwister waren alle alkoholabhängig. Seine Geschwister betrieben darüber hinaus ein Bordell. Seinen Lebensunterhalt bestritt er übers Stehlen. Seit seinem fünfzehnten Lebensjahr war er mehrmals im Gefängnis gewesen.

Eines Tages hörte er von Jesus – nicht von einer Religion, nicht von Kirchenlehren, sondern von Jesus. Er übergab seine Zukunft Jesus.

Durch Gottes Kraft überwand er seine Alkoholabhängigkeit und fand bald eine Arbeitsstelle. Er bat Gott, ihm zu helfen, anderen Menschen den Weg zu Jesus zu eröffnen. Er wollte, dass die Menschen darüber nachdachten, wie sie vor Gott stünden, und über das Reich Gottes.

Nachdem er einer feurigen Predigt eines Baptisten-Predigers über Himmel und Hölle zugehört hatte, kam ihm eine sonderbare Idee. Er nahm ein Stück weiße Kreide und schrieb ein Wort auf die Straßen der Stadt. Ein Wort, das einen dazu veranlasst, sein Leben aus der richtigen Perspektive zu betrachten, ein Wort, das Männer und Frauen auf Gott aufmerksam macht. Alle Menschen, reich und arm, klein und groß, sahen sein Kunstwerk, das stets in Kreide geschrieben war. Er schrieb immer nachts, damit er nicht bekannt würde. Er wollte stets im Hintergrund bleiben, damit der Weg zu seinem Herrn frei bliebe.

Er hielt keine hohe Position in der Gesellschaft oder Kirche inne. Doch mit seiner einfachen Botschaft forderte er tausende Menschen heraus, über ihre unsterbliche Seele nachzudenken. Er hätte nie damit gerechnet, dass sein kleines Wort Jahre nach seinem Tod in gewaltiger Leuchtschrift auf der gesamten *Sydney Harbour*-Brücke zu lesen sein würde. Diesmal wurden Millionen Fernsehzuschauer angeregt, darüber nachzudenken, wie sie vor Gott stünden. Was bewirkte der kleine, demütige Mann mit seinem Stück Kreide? *Er machte Gott berühmt!*

Berühmter als Gott?

Wir leben in einem Zeitalter, in dem wir in Netzen surfen, Schafe klonen und Chips haben, die man nicht essen kann. Dennoch, wenn man den Statistiken noch Glauben schenken will, glauben Millionen von Menschen an die Existenz Gottes. Sie wollen glauben, dass es vielleicht jemanden dort oben gibt, der uns hört, wenn wir beten – und möglicherweise sogar willens ist, uns zu helfen.

Nach einem Jahrhundert, in dem Materialismus und Rationalismus Gott scheinbar in den Ruhestand versetzt hatten, sind viele Menschen in der westlichen Welt nicht nur für den Gedanken offen, dass es Gott gibt, sie sind auch neugierig, wie Er wohl sein mag.

In den letzten Tagen des vergangenen Jahrhunderts war eine Fernsehserie äußerst beliebt und allgegenwärtig: *Akte X.* Sie spielte auf den Gedanken an, dass es da draußen möglicherweise etwas gibt, das sich der Wissenschaft und der Technik entzieht. Die Generation der jungen Erwachsenen – die so genannte „Generation X" – war von dieser Serie gefesselt. Den jungen Leuten gefiel der Gedanke, dass wir mehr als die Summe unserer physikalischen Teile sind. In einem postmodernen Zeitalter konnten sie sich mit der Auffassung identifizieren, dass wir nicht nur Maschinen in einem mechanisierten Universum sind. Sie glauben, dass es im Leben mehr gibt, als das Auge erfassen kann.

Der Produzent dieser Serie, Chris Charter, soll über sich gesagt haben: „Ich bin nicht gläubig, suche aber nach einer religiösen Erfahrung." In der entwickelten Welt ist Charter unter Gleichgesinnten.

Man muss aber auch sagen, dass die heranreifende Generation bedeutend weniger über den Gott der Bibel weiß, als ihre Eltern (und *die* wussten schon nicht viel).

In den späten neunziger Jahren wurde berichtet, dass einer der Gallagher-Brüder von der britischen Band „Oasis" gesagt hatte, dass seine Gruppe bei den jungen Leuten bekannter geworden sei als Gott. Natürlich gab er damit die Worte John Lennons wieder, der einer seiner Vorbilder war. Aber er könnte damit auch Recht gehabt haben.

Würde man junge Menschen in den westlichen Ländern fragen: „Über wen denkst du mehr nach – die Superstars der Pop-Kultur oder den Gott der Bibel?", so würden die meisten nicht den Gott der Bibel nennen. Nachtklubs ziehen mehr Aufmerksamkeit auf sich als Gemeinden und Kirchen. Gott passt einfach nicht in den Alltag oder in das Gedankengut.

Was ist mit Gott passiert?

Fast zweitausend Jahre brachte man die Verbreitung des Christentums auf der ganzen Welt mit der Geschichte der europäischen Christen in Verbindung. Der einzige Grund, dass die Welt die Botschaft von Jesus gehört hatte, war, dass europäische Christen gebetet, geplant, gepredigt und oftmals ihr Leben für ihren Glauben hingegeben hatten. Christliche Missionare aus Europa trugen eine erlösende Botschaft der Liebe und Hoffnung in sich, die in jeder Kultur angewandt werden konnte. Das Schicksal vieler Nationen wurde so zum Guten gewandt.

In der Zwischenzeit war der zivilisierende Einfluss der christlichen Lehre der Hauptfaktor in der Entwicklung der europäischen Gesellschaft. Das Christentum erhielt die westliche Zivilisation während der dunkelsten Tage Europas am Leben. Christliche Pioniere wie Irlands St. Patrick taten weit mehr, als Klöster zu bauen. Sie brachten Wohlstand und Frieden nach Europa. Dank ihres Einflusses tauschten Krieger in der Zeit nach dem römischen Reich ihre Waffen gegen Werkzeuge ein und begannen, Handwerk zu betreiben. Selbst die grausamen Barbaren wurden letztendlich bekehrt und Europa begann, zu florieren.

In den folgenden Jahrhunderten bereicherte das Christentum das Leben in Europa wie nichts sonst. Nehmen wir die Kunst als Beispiel. Komponisten wie Bach, Händel, Haydn, Mendelssohn und Dvorak und Schriftsteller wie Dante, Milton, Donne und Dostoyevsky. Ihr Glaube bildete die Grundlage ihrer Werke. In der bildlichen Kunst drückten Maler wie DaVinci, Rembrandt, Rubens und VanGogh in ihren Bildern oft christliches Gedankengut aus. Man kann den Einfluss des Christentums in Europas wunderbarer Architektur, wie in den Werken von Michelangelo, Alberti und Brunelleschi, um nur einige zu nennen, erkennen.

Der christliche Glaube hob das politische und wirtschaftliche Leben in Europa auf eine neue Ebene. Das Christentum lehrte den Respekt vor Autorität – selbst der weltlichen. Dies verschaffte der westlichen Gesellschaft Stabilität. Nach der Reformation entfaltete sich eine völlig neue Arbeitsmoral. Man sah Arbeit als ein Geschenk Gottes. Das war der Treibstoff der industriellen Revolution und schaffte ein politisches Klima, in dem freie Demokratien gedeihen konnten.

Das Christentum in Europa leitete die Geburt der modernen wissenschaftlichen Methodik ein. Die Christen lehrten, dass Gott rational sei. Also musste auch seine Schöpfung auf geordneten Prinzipien beruhen, Prinzipien, die entdeckt und als wissenschaftliche Gesetzmäßigkeiten festgehalten werden konnten. Das Christentum brachte in Europa die ersten Schulen und Universitäten hervor. Die Gemeinde war stets an vorderster Front, wenn es darum ging, soziale Gerechtigkeit herbeizuführen. Sie führte die ersten Ernährungshilfsprogramme sowie internationale Wohlfahrten ein.

Frage: Wo wäre die westliche Zivilisation heute ohne das Christentum? Antwort: Sie würde wahrscheinlich gar nicht existieren.

Dennoch betrachten viele postmoderne Westliche die Gemeinde, als sei sie eine Institution vergangener Zeiten, eine Institution, die ihr Haltbarkeitsdatum lange überschritten hat. Gemäß führenden Missionsstatistikern bekehren sich momentan in Lateinamerika täglich 30.000 Menschen zum Christentum. In China sind es 20.000 und in Afrika 15.000. Doch in Europa verlassen Tausende jede Woche die etablierten Kirchen. Was ist im Westen bloß mit Gott passiert?

„Gott ist tot – und wir haben Ihn getötet."

Der Abfall vom Christentum begann vor einigen hundert Jahren. Es geschah während der „Aufklärung". Inwiefern dieses Zeitalter tatsächlich „aufklärend" war, bleibt fragwürdig. Zu dieser Zeit förderten Philosophen, Wissenschaftler und Künstler eine naturalistische Weltanschauung, die für Gott keinen Raum ließ.

Charles Darwin schenkte uns das Konzept, dass der Mensch nur ein wenig mehr als ein Affe sei. Ein Affe, der einfach Glück gehabt hat. Gorillas, denen die Haare ausgegangen sind. Darwins Theorie wurde bei vielen Menschen sehr beliebt. Nicht etwa, weil sie einen Haufen an Beweisen lieferte. Das fehlenden Verbindungsglied, das beweisen würde, dass sich eine Spezies zu einer anderen entwickeln kann, *fehlt* noch immer. Seine Theorie bot jedoch die Alternative, die Herkunft des Menschen von Gott zu trennen. Zumindest dachten die Menschen das. Wissenschaftler fragen sich noch heute: „Was geschah *vor* dem Urknall?"

Dieser gottlose Naturalismus wurde der letzte Schrei bei den großen europäischen Denkern. In Deutschland lehrte Friedrich Nietzsche, dass Gott tot sei – und dass wir ihn getötet hätten. Er forderte, wir sollten christliche Tugenden wie Demut, Freundlichkeit und Nächstenliebe ablehnen, da er sie als schwach empfand. Er wollte den Prozess, eine stärkere menschliche Superrasse zu erschaffen, ankurbeln. Eine Vorstellung, die die Nazis später dankbar aufgriffen.

In Frankreich entwickelte Jean-Jacques Rousseau eine Lehre, in der der Staat den Platz Gottes einnimmt. Der Staat, so sagte er, sei der wahre Befreier der Menschheit, da er die wesentliche Gutherzigkeit vieler Einzelpersonen in einem großen „Allgemeinen Willen" vereinige. Auch Karl Marx glaubte, dass der Staat den Platz Gottes einnehmen und herrschen sollte. Es gäbe keine allgemein gültigen moralischen Wahrheiten, sagte er, und der Staat solle entscheiden, was richtig und was falsch sei. Religion und Moral, so Marx, seien Systeme, mit denen bestimmte Menschengruppen andere unterdrückten.

Der Westen, insbesondere Europa, hat einen hohen Preis bezahlt und gelernt, dass die grandiosen, utopischen Ideen von Menschen wie Nietzsche, Rousseau und Marx nicht funktionieren. Nicht nur das, sie haben oft zu großem *Leid* geführt. Auf der ganzen Welt haben Tyrannen jeder Art utopische Konzepte benutzt, um Vergehen wie Unterdrückung, Mord und ethnische Säuberung zu rechtfertigen.

Als sich die Philosophen das Chaos um sich herum ansahen, suchten sie nach einem Ausweg für die Zukunft. Das bahnte den Weg für den Existentialismus des zwanzigsten Jahrhunderts mit Schriftstellern wie Jean-Paul Sartre. Er besagt, dass das Leben bedeutungslos sei und es das Beste sei, es in vollen Zügen zu genießen und dann dem Tod ins Auge zu sehen. Lebe für den Augenblick und hoffe das Beste. Es gäbe keinen Grund für unseren Schmerz und keine Hoffnung auf die endgültige Erlösung. Die Vergangenheit sei irrelevant, die Zukunft unsicher, und daher sollten wir einfach nur für den Augenblick leben. Denke nicht zu viel über die langfristigen oder die nachfolgende Generationen betreffenden Konsequenzen deiner Handlungen nach, ergib dich einfach den Erfahrungen des Hier und Jetzt.

Dann versuchte die Wissenschaft, den Platz der Philosophie als Hoffnungsgeber einzunehmen. Doch traten mit der technischen Entwicklung *mehr Fragen* als Antworten auf. Wie der katholische Schriftsteller und Sozialkommentator Jacques Ellul einmal sagte: „Wir bauen immer schnellere Maschinen, die uns nirgendwohin bringen."

Warum Christ sein?

Eine weitere einsichtige Aussage kam von Ellul. Er sagte, wir lebten in einer Welt, die voller Mittel und Wege sei, doch keine Ziele verfolge. Einer Welt, in der nur wenige Menschen innehalten und sich fragen, wohin uns moderne Werte und Technologien führen. Kaum einer stellt inmitten der vielen Veränderungen, die wir an unserer Welt vornehmen, die große Frage: „Warum?"

Wenn du an Jesus glaubst und ein wahrer Tod-oder-Leben-ich-werde-alles-tun-was-du-von-mir-willst-Herr-Christ bist, ist es die Mühe wert, sich diese Frage zu stellen. Warum bist du Christ? Ist es, weil deine Großmutter gläubig war? Ist es, weil du eine genetische Veranlagung zum Glauben besitzt? Oder ist es eine Frage der Gesellschaft: Bist du Christ, weil deine Eltern dich als Kind in die Kirche brachten – oder schleppten? Oder ist es einfach nur, weil du dich eines Tages in einen Christen verliebt hast und es auch heute noch bist?

Gemäß der Bibel ist Folgendes entscheidend: Du bist Christ, *weil Gott dich berufen hat.* Jesus sagte zu dir, was er auch seinen ersten Nachfolgern sagte: „Folge mir!" Es war die genialste Einladung, die jemals ausgesprochen wurde.

In einem meiner ersten Bücher, *Get Real!,* erzähle ich von der Schulstunde, die ich am wenigsten leiden konnte: Sport![1] Es war gar nicht mal so, dass ich Sport gehasst hätte, es war nur, dass wir jede Woche ein sonderbares Ritual durchstehen mussten, das Ritual der „Team-Auswahl".

Ganz gleich, welchen Mannschaftssport wir spielten, es begann immer auf die gleiche Weise. Aus den Klassen wurden zwei „Arnold Kleiderschränke" zu Team-Chefs ernannt. Wir, die Normalsterblichen, wurden dann von ihnen auserwählt und hatten die Ehre, in ihrem Team mitzuspielen.

Es endete auch immer auf die gleiche Weise: meine Freunde und ich, stolze Mitglieder des Schul-Schach-Clubs, siechten bis zum Ende jämmerlich dahin. Nach außen hin versuchten wir, so auszusehen, als wäre uns das völlig egal. Doch innerlich schrieen wir: „Nimm mich! Nimm mich!" Es machte keinen Spaß. Wir hatten nur ein paar Stunden Sport in der Woche, doch bis heute gehört zu den klarsten Erinnerungen aus meiner Schulzeit das Gefühl, nicht in das Team hineingewählt worden zu sein.

Als ich später Christ wurde und anfing, die Bibel zu erkunden, fand ich zu meinem großen Erstaunen heraus, dass ich nun für das Team aller Teams auserwählt worden war! Gott selbst hatte mir besondere Beachtung geschenkt, mich herausgestellt und mich für *seine* Sache angeheuert.

Was für eine Einladung! Eine Einladung, die du und ich teilen. Aber „Folge mir" ist auch ein Befehl. Mein Freund Winkie

Pratney liebt es, folgenden Punkt herauszuheben: „Das Problem mit diesem Jesus ist, dass Er sich benimmt, als wäre Er *Gott*." Jesus ruft dich und mich und erwartet, dass wir alles stehen und liegen lassen und Ihm folgen. Er spielt nicht ‚Wer wird Millionär?' oder ‚Die Zwei-Millionen-Euro-Show'. Er gibt uns nur diesen einen leisen und vertraulichen Befehl.

Siehst du? Die Initiative ging von Gott aus, nicht von dir. *Er* begann den Vorgang aus einem Grund. Nun, warum *hat* Gott dich berufen, ein Christ zu werden? Was steht am Ende deines christlichen Glaubens? Was ist der Grund dafür, dass du ein Christ wurdest, und was ist das Ziel?

Gemäß der Bibel ruft Gott ein Volk zu sich, *um Sich selbst einen großen Namen zu machen.* Das zieht sich wie ein roter Faden durch die Bibel. Zum Beispiel wurde im Alten Testament das Volk Israel ständig daran erinnert, dass Gott sie von den anderen Völkern abgesondert hatte und ihnen eine besondere Berufung gegeben hatte. Denn Er wollte seinen Namen durch sie erheben, um der ganzen Welt zu zeigen, wie Er ist.

Israels größter alttestamentlicher König, David, erkannte dies und betete:

> *Und wer ist wie dein Volk Israel, die einzige Nation auf Erden, für die Gott hingegangen ist, sie sich zum Volk zu erlösen, um dir einen Namen zu machen und große und Furcht gebietende Taten zu tun, indem du vor deinem Volk, das du aus Ägypten erlöst hast, Nationen vertrieben hast?*

1. Chronik 17, 21

Einer der bedeutendsten Propheten Israels sah es auch:

> *Der seinen herrlichen Arm zur Rechten des Mose einher ziehen ließ, der das Wasser vor ihnen spaltete, um sich einen ewigen Namen zu machen.*

Jesaja 63, 12

Der gleiche Gedanke erscheint viele Male im Alten Testament: Gott möchte einen Namen haben, der in aller Munde ist, er möchte geehrt werden.[2]

Im Neuen Testament finden wir ähnliche Aussagen. Das „Vater Unser" fängt beispielsweise mit dem Aufruf an, Gottes Namen zu heiligen. Etwas zu heiligen bedeutet, etwas über das Gewöhnliche zu erheben, es auszusondern.[3] Der Apostel Paulus teilt uns mit, dass wir in alle Ewigkeit Gottes persönliche „Trophäen" sein werden, die zeigen, was seine Gnade vollbracht hat.[4]

Uns wird gesagt, dass dies der Hauptgrund sei, weshalb wir beteten und evangelisierten.[5] Wir teilen das Evangelium anderen mit und machen sie zu Jüngern, nicht in erster Linie, damit sie errettet würden. Die Errettung ist die *Frucht* der Evangelisation. Das *Motiv* der Evangelisation ist es, Gottes Namen zu ehren!

Gott möchte, dass sein Name in aller Munde ist. In der Umgangssprache würde man das so sagen: *Gott möchte berühmt sein!*

Was um Himmels willen hat Gott vor?

Ich bereise ungefähr zwanzig verschiedene Länder auf vier verschiedenen Kontinenten jedes Jahr. Einige davon mehrmals. Ich kann dir eine Nachricht übermitteln, die auf *CNN* nicht ausgestrahlt wird: Gott *macht* sich auf dem gesamten Globus einen Namen.

In den letzten Jahren war Palermo in Sizilien nur aus einem Grund bekannt: Filme mit Al Pacino. Es ist der Hauptsitz der Mafia Inc. Die Heimat der Paten. Nicht gerade eine Brutstätte der Gottseeligkeit.

Vor ungefähr zehn Jahren sprach Gott zu einem meiner Freunde, er solle eine Gemeinde an diesem scheinbar gottverlassenen Ort gründen. Mein Freund Lirio Porello ist Arzt – nicht gerade der ideale Gemeindegründer, magst du vielleicht denken. Er war einfach gehorsam und gründete die Gemeinde, ohne große Erfahrungen mit der Leitung einer Gemeinde zu haben.

Heute gibt es in Palermo eine Gemeinde mit 3.000 Mitgliedern. Es ist eine Gemeinde, in der Kranke geheilt und Dämonen ausgetrieben werden. Eine Gemeinde, in der das Wort Gottes ohne Furcht kompromisslos gepredigt wird. Einige der Mitglieder sind Ex-Mafia-Mitglieder. Einige der jüngeren Leiter waren einst Neo-Nazis, die zum Spaß jüdische Grabmale mit Farbe besprühten.

Heute sind diese Menschen radikal von der Liebe Christi verändert worden und führen andere junge Menschen zum Glauben. Diese Gemeinde beeinflusst ein geistlich trockenes Land. Wie nennt man es, wenn Gemeinden Städte reformieren? *Gott berühmt machen.*

Die Rhema-Gemeinde in Johannesburg, Süd-Afrika, besteht aus 20.000 Menschen. Die Gemeinde wurde von einem ehemaligen Profibodybuilder, Ray McCauley, zu einer Zeit gegründet, in der das alte Apartheid-Regime am Höhepunkt der Macht war. Vor einigen Jahren wurde ich gebeten, auf einer großen Konferenz dieser Gemeinde zu sprechen. Aus dem ganzen Land und auch aus anderen Ländern kamen Menschen.

Das Ereignis begann mit einer eher ungewöhnlichen Veranstaltung. Die Musik war in vollem Gange, als sich Nelson Mandela, damals Präsident, seinen Weg durch das voll gepackte Stadion bahnte. Umgeben von Tausenden von Menschen, unter ihnen viele Sicherheits- und Medienmitarbeiter, tanzte der Präsident mit den Kindern. Dann wurde er als Sprecher des Tages angekündigt.

Präsident Mandela, ein weltbekanntes Symbol für die Kraft, Böses mit Gutem zu überwinden, sprach fast eine halbe Stunde. Er sprach darüber, wie ihm diese Gemeinde und der christliche Glaube geholfen haben, während seiner langen Gefängniszeit über Bitterkeit hinwegzukommen. Wie nennt man es, wenn eine Gemeinde einen Präsidenten beeinflusst? *Gott berühmt machen.*

Vor nicht allzu langer Zeit machte Michael Jackson eine Welt-Tournee. In fast jeder Stadt, die er besuchte, füllte er Fußballstadien mit seinen Fans. Es gab nur eine auffällige Ausnahme: Die Stadt Seoul in Südkorea. Michael konnte dort kein Stadion füllen. Eine Woche nach seinem Auftritt wurde der gleiche Veranstaltungsort für einen ganz anderen Zweck gemietet.

Dr. David Yonggi Cho mietete das Stadion und packte es randvoll – für ein *Gebetstreffen*! Nein, keine Konferenz, kein Konzert oder Festival, sondern ein Gebetstreffen. Wie nennt man es, wenn Christen ein Fußballstadion ausfüllen, das der „König des Pop" nicht ausfüllen konnte? *Gott berühmt machen.*

Lass uns Gott berühmt machen

Es sind bei weitem nicht nur die großen Gemeinden, die Gott einen Namen machen. Ich habe einen Freund in Schweden, der eine Gemeinde mit 200 Menschen in einer Stadt mit nur 2.000 Einwohnern leitet. Fünfzig der zweihundert Mitglieder des *Joshua Christian Centre* sind im Rahmen verschiedener gemeinnütziger Projekte dieser Gemeinde vollzeitlich angestellt. Die Gemeinde besitzt unter anderem Wohnungen, ein nagelneues Altersheim, eine Schule sowie das Gemeindegebäude selbst.

Vor einiger Zeit versuchte ein Fremder seinen Weg durch die Stadt zu finden. Etwas verloren fuhr er an den Straßenrand und fragte einen Passanten: „Können Sie mir sagen, wo ich das *Joshua Christian Centre* finden kann?" Der Ortsansässige, der selbst kein Gemeindemitglied war, antwortete: „Schauen Sie sich um, die sind überall!"

Wie nennt man es, wenn eine kleine Gemeinde zehn Prozent der Stadtbevölkerung ausmacht und einiges in der Stadt besitzt? *Gott berühmt machen.*

Gott erhebt in unserer Zeit Gemeinden und evangelistische und missionarische Organisationen, die nur eines im Sinn haben: Seinen Namen zu erheben. Er gießt seinen Geist auf Generationen von Christen in aller Welt aus. Er vereint ein Volk, dem es nur um das Eine geht. Es lebt und stirbt, um *Gott berühmt zu machen.*

Gott möchte berühmt sein – na und?

Warum möchte Gott, dass sein Name bekannt ist? Wenn ich dir sagen würde, dass ich berühmt sein möchte, würdest du vielleicht sagen: „Dieser Typ hat echt ein Ego-Problem", oder: „Dieser Typ ist unsicher." Und du hättest vielleicht sogar Recht. Ist Gott unsicher („Schnell, Gabriel, häng ein paar Poster auf – die Menschen haben vergessen, dass es Mich gibt.")? Hat Gott ein Ego-Problem?

Nein, Gott möchte nicht um seiner selbst willen berühmt sein, sondern um *meinetwillen*. Verstehe bitte, wenn wir den Respekt für Gottes Namen, sein Wesen oder seinen Charakter verlieren, geschehen drei Dinge:

1. Wir vergessen, wie Gott ist.

Gemäß der Bibel sollten wir wissen, wie Gott ist, um an Ihn glauben zu können, um uns nach Ihm auszustrecken und uns mit Ihm verbinden zu können. Der Schreiber des Hebräerbriefes sagt Folgendes:

> *Ohne Glauben aber ist es unmöglich, ihm wohlzugefallen; denn wer Gott naht, muss glauben, dass er ist und denen, die ihn suchen, ein Belohner sein wird.*
>
> Hebräer 11, 6

Egal, was jemand von Gott möchte, er muss zuerst glauben, dass Gott existiert. Aber welcher Gott (schließlich gibt es ja so viele Varianten)? Die Antwort lautet: Gott, wie Er in der Bibel beschrieben wird.

In der Bibel geht es darum, dass der *transzendente* Gott, der also weit über unsere Fähigkeit, zu begreifen, hinausgeht, sich uns in einer Art und Weise offenbaren möchte, *die wir verstehen.* Würde Er nicht die Initiative ergreifen, hätten wir keine Chance, jemals eine Beziehung zu Ihm zu haben.

Also, wie offenbart sich Gott uns? Unter anderem über die Namen, die Er sich selbst gegeben hat. Diese Namen verraten uns etwas von seinem Wesen und seinem Charakter. Mehr dazu kommt gleich ...

2. Wir bauen Götzen, die Gottes Platz einnehmen.

Ob es uns nun gefällt oder nicht, so sind doch menschliche Wesen so erschaffen, dass sie nach einem Gott suchen. Ein Schriftsteller sagte es einmal so: „Es gibt ein gottförmiges Loch im Herzen eines jeden Menschen." Früher oder später wird jeder von uns versuchen, diesen Leerraum mit etwas oder jemandem zu füllen. Das wird dann das Wichtigste in unserem Leben und wir widmen ihm unsere größte Zuneigung und Hingabe.

Das kann eine Idee sein. Das kann auch eine Person sein - dein Ehepartner oder ein Freund. Oder vielleicht ein Traum oder ein Ziel – Karriere zu machen oder mehr auf dem Bankkonto zu haben. Oder es nimmt materiellere Formen an – ein Grundstück, ein Auto oder ein Boot.

Was auch immer ich zu meinem „Gott" mache, wird mein Schicksal auf entscheidende Weise beeinflussen. Es wird der Mittelpunkt und der Sinn meines Lebens sein. Es wird meine Zukunft mehr als alles andere beeinflussen. Denn meine Entscheidungen werden vorrangig von dieser Person, diesem Ziel oder dieser Sache beeinflusst und geprägt werden.

Dies wiederum spiegelt wider, wie wir geschaffen wurden. Wir wurden geschaffen, im Ebenbild Gottes zu leben.[6] Wenn nicht der wahre Gott der Gott unseres Lebens ist, werden wir unausweichlich von dem geformt, was uns am wichtigsten ist.

3. Wir verpassen unsere Bestimmung

Ob unsere Götzen nun aus Holz, Stein, Plastik oder Stahl gemacht sind; ob es die Träume von Wissenschaftlern oder die utopischen Vorstellungen von Philosophen sind, sie werden alle Gott in unserem Herzen entthronen. Er wird nicht den Platz in unserem Leben erhalten, der Ihm gebührt, und wir entfalten nicht *unser* volles Potenzial. Der Apostel Paulus sagt:

> *Weil sie Gott kannten, ihn aber weder als Gott verherrlichten noch ihm Dank darbrachten, sondern in ihren Überlegungen in Torheit verfielen und ihr unverständiges Herz verfinstert wurde. Indem sie sich für Weise ausgaben, sind sie zu Narren geworden und haben die Herrlichkeit des unvergänglichen Gottes verwandelt in das Gleichnis eines Bildes vom vergänglichen Menschen und von Vögeln und von vierfüßigen und kriechenden Tieren.*
>
> Römer 1, 21–23

Wenn wir etwas über Gott stellen, werden unsere Gedanken aussichtslos, leer, bedeutungslos und nutzlos. Einfach gesagt werden wir, gemessen an dem, was Gott ursprünglich mit unserem Leben geplant hatte, nutzlos. Wir können nicht länger in der wundervollen Bestimmung leben, für die Gott uns erschaffen hat. Denn das geht nur innerhalb einer Beziehung zu unserem Schöpfer.

In gewisser Weise ist das die Hölle. Ein Ort für Menschen, deren Leben gemessen an dem, was Gott für sie eigentlich vorgesehen hatte, verschwendet wurde. Wenn Jesus von der Hölle sprach – und für Ihn war dieser Ort sehr real – benutzte Er oft das Bild der „Gehenna", einem Tal außerhalb von Jerusalem, das die Menschen dafür nutzten, ihre Abfälle zu verbrennen.[7]

Viele Menschen, die zur Zeit der Aufklärung in Europa lebten, dachten wohl, dass sie, wenn sie dem Christentum den Rücken zukehrten, tun und lassen könnten, was sie wollen. Im Grunde genommen ersetzten sie aber nur den Gott ihrer Väter mit Göttern, die keine wahren Götter waren. Paulus beschrieb das so: Sie tauschten die Wahrheit Gottes gegen die Lüge ein. Sie dienten dem Geschöpf und beteten es an, nicht ihren Schöpfer.[8]

Gemäß der Bibel verliert das Leben eines Menschen, der vergisst, wer sein Schöpfer ist, das Fundament, auf dem es stehen müsste. Nietzsches Leben endete in einer Irrenanstalt und er starb an einer Geschlechtskrankheit. Er predigte nicht nur, dass Gott tot sei. Er lebte auch dementsprechend und verbrachte einen Großteil seiner Zeit damit, mit Prostituierten zu feiern und seinen Spaß zu haben. Wenn man Gott aufgibt und lebt, als gäbe es Ihn nicht, wählt man den Weg zur Verzweiflung.

Rousseaus gottlose Philosophie lehrte unter anderem, dass Eltern nicht dafür verantwortlich sein sollten, ihre Kinder groß zu ziehen, sondern der Staat die Verantwortung dafür übernehmen solle. Eigentlich rechtfertigte er damit nur seine eigene verantwortungslose und gottlose Lebensweise. Er führte ein sehr lockeres Leben, ging von Job zu Job, von einer Geliebten zur nächsten, bis er sich schließlich mit einer jungen Magd namens Terese niederließ. Sie gebar ihm fünf Kinder. Jedes einzelne setzte er auf den Stufen des Waisenhauses aus. Für diese Kinder hieß das damals, auf der Strasse Essen finden zu müssen. Rousseau wusste nur zu gut, dass dies ihr Todesurteil war.

Wir erheben die menschliche Natur nicht, wenn wir leben, als gäbe es keinen Gott. Wir erkunden vielmehr ihre dunkelsten und tiefsten Abgründe.

Was für den Einzelnen gilt, gilt auch für die gesamte Gesellschaft. Wenn eine Nation versucht, den Glauben an Gott durch den Glauben an menschliche Leiter oder Systeme zu ersetzen, wird dadurch das *Grausamste* der menschlichen Natur freigesetzt. Die moderne Geschichte der westlichen Zivilisation zeigt das klar.

Was zum Beispiel in den Tagen vor dem Zweiten Weltkrieg in Deutschland und Italien geschah, war nicht allein das Resultat eines bestimmten politischen und militärischen Phänomens. Es war das direkte Ergebnis davon, dass eine einstige Bastion des Christentums Gott den Rücken kehrte. Man kann klar sehen, wie bestimmte Gedanken weitergegeben wurden. Zum Beispiel Nietzsches „Superrasse". Nietzsche wäre von dem, was Hitler mit seinen Ideen machte, vielleicht schockiert gewesen, aber sie *eigneten* sich hervorragend dazu, die ethnische Säuberung zu rechtfertigen.

Unsere Sünde, die Tatsache, dass wir von Gottes ursprünglichem Plan abgekommen sind, hat zwischen uns und unserem Gott eine Trennung verursacht.[9] Unser Gottesbild wurde verzerrt, die Windschutzscheibe unseres Sinns verschmutzt, und wir verloren den richtigen Weg aus den Augen.

Was der Name alles sagt

Der Gott der Bibel zeigt uns bewusst und beständig Aspekte seines Wesens und seines Charakters, denn Er möchte, dass wir wissen, wie Er ist. Von Anbeginn der Zeit offenbart sich Gott durch die Namen, die Er sich selbst gibt. Er wies die Menschen an, Ihn bei diesen Namen zu nennen, und förderte so ihr Verständnis seiner selbst.

In der Frühzeit nannten Menschen wie Abraham Gott *Adonay* oder *Adonai*. Dieser Name wird normalerweise mit „Herr" übersetzt und heißt „Herrscher" oder „Fürst".[10] Dann lud Gott die Menschen ein, Ihn *El Shaddai* zu nennen. Obwohl *El Shaddai* oft mit „der allmächtige Gott" übersetzt wird, bedeutet es eigentlich „Gott ist genug"; Er hat alles, was wir benötigen, und viel mehr.[11]

Später kannte Israel Gott als *Jahwe Jireh* (der Gott, der versorgen wird)[12] und *Jahwe Shalom* (der Gott, der Frieden gibt)[13].

Es gab noch viele andere Namen. Jeder Name zeigte eine bestimmte Charaktereigenschaft Gottes.[14] Es ist nicht, als ob jeder neue Name den vorherigen ablöste, er fügte vielmehr etwas hinzu und schenkte den Menschen ein besseres Verständnis von Gott. Schon das Wort „Gott" an sich ist im biblischen Gebrauch ein besonderes Wort. Es bedeutet wörtlich „der höchste Gott", „der einzige Gott, der von Natur aus Gott ist". Mit anderen Worten ist Gott Gott, ob wir es nun anerkennen oder nicht.

Die Namen an sich sind nicht mächtig, die Person, auf die sie hinweisen, ist es auf jeden Fall. Am liebsten kommuniziert Gott auf anschauliche Weise. Er zeigt sich uns sehr gerne über Bilder, stellt gerne dar, wie Er ist.

Das tat Gott auch, als Er sich diese Namen gab. Gott wählte diese Namen, um sein Wesen durch sie auszudrücken, seinen Charakter für uns nachvollziehbar und ergreifbar zu machen. Bevor uns die Bibel zur Verfügung stand, zeigten schon die Namen Gottes, wie Er ist. Bevor wir die Person Jesu hatten – die vollendete Fleischwerdung Gottes – standen uns die Namen Gottes zur Verfügung und erinnerten uns daran, wie Er ist.

Wenn Gott sich mit einem neuen Namen vorstellte, gab es dafür einen guten Grund: Im Leben der Menschen, denen Er diesen neuen Namen anvertraute, zahlte er sich immer aus. Als Gott sich Abraham als *El Shaddai* vorstellte, sollte das Abraham den Glauben geben, der nötig war, sodass er an der wunderbaren Verheißung Gottes festhalten konnte.[15]

Gott stellte sich Mose als „Ich bin" vor.[16] Für jemand anders wäre die Aussage „Ich bin" unvollständig. Es wäre kein vollständiger Satz. Doch für Gott ist *dies der Satz*. Er stellt eine erschöpfende Beschreibung Gottes dar und ist einer seiner Namen. Warum benötigte Mose diesen Namen? Er brauchte sehr viel Mut, sich dem Zorn des Pharaos stellen zu können.

Gott sagte dem Pharao Folgendes: „Du sagst vielleicht ‚Ich bin ein großer König', doch wenn es Mich nicht gäbe, den ICH BIN, gäbe es keine Könige. ICH BIN der König der Könige."

„Du sagst vielleicht: ‚Ich repräsentiere eine große Nation.‘ Doch gäbe es nicht Mich, den ICH BIN, gäbe es keine Nationen. Ich setze den Nationen ihre Grenzen und bestimme ihre Zeiten.“

„Du gibst dir viele Namen, doch wären sie alle nichtssagend und leer, gäbe es Mich nicht. ICH BIN und Ich bin die Quelle all dieser Namen. Du magst einen Namen haben, doch komme Ich vor deinem Namen. Du kannst nicht sein, wer du bist, es sei denn ICH BIN wer ICH BIN.“

Gott erinnerte den Pharao – und Mose – daran, wer der Boss war! Gottes Namen können uns auch heute noch viel über Ihn lehren und uns Mut geben, dem Pharao in unserem Leben entgegenzutreten.

Berühmter als John Lennon …

Im Neuen Testament finden wir den größten aller Namen Gottes. Dieser Name wird letztendlich in alle Ewigkeit *der* berühmteste sein. Der Name Jesu.

Gott offenbarte sich Petrus als „Christus, der Sohn des lebendigen Gottes“.[17] Jesus, fleischgewordener Gott, war die vollkommene Offenbarung Gottes. Der Name Jesu ist der größte aller Namen, die wir für Gott haben.

Darum sagte Jesus auch, dass Petrus’ Bekenntnis der Fels sei, auf dem Er seine Gemeinde bauen würde.[18] Der Leib Christi hat durch die Jahrhunderte vielen Angriffen und Verfolgungen standgehalten. Sie ist heute noch standhaft und wächst auf der ganzen Welt – besonders in den Entwicklungsländern. Warum? Die Gemeinde steht nicht auf der Qualität des Lobpreises, der Kraft der Predigt oder darauf, wie sehr ihre sozialen Programme den Puls der Zeit treffen. Die Gemeinde steht auf der Autorität des Namens Jesu, der Autorität, die sich darin begründet, wer Er ist.

Paulus sagt uns, dass Gott den Namen Jesu zu einem Namen gemacht hat, der stärker ist als alle anderen Namen. Paulus schrieb die folgenden unvergänglichen Worte, die einige für ein Zitat aus einer frühchristlichen Hymne halten:

> *Darum hat Gott ihn auch hoch erhoben und ihm den Namen verliehen, der über jeden Namen ist, damit in dem Namen Jesu jedes Knie sich beuge, der Himmlischen und Irdischen und Unterirdischen, und jede Zunge bekenne, dass Jesus Christus Herr ist zur Ehre Gottes, des Vaters.*
>
> Philipper 2, 9–11

Wenn etwas Großartiges im Namen Jesu passiert, wird Gott verherrlicht, geehrt oder „berühmt gemacht". In jeder Kultur hat der Name Jesu eine besondere Kraft. Gebet in seinem Namen bringt oft Heilung in den Körper. Er schenkt dem, der belastet war, Ruhe. Er heilt kaputte Beziehungen.

Wenn wir in der Autorität des Namens Jesu beten, können wir die gleichen Resultate erhalten wie vor 2000 Jahren. Auf der ganzen Welt geschehen jeden Tag Millionen Wunder, große und kleine, die die Kraft dieses Namens bezeugen.

Wenn wir eine Antwort auf Gebet im Namen Jesu erhalten, offenbaren wir etwas von Gott und machen Ihn einer Generation bekannt, die denkt, dass Er sie vergessen hätte – weil sie Ihn vergessen hat.

Wenn wir im Namen Jesu für Heilung beten und die betreffende Person geheilt wird, zeigen wir, dass unser Gott heilt. Wenn wir über eine finanzielle Situation im Namen Jesu beten und dann das Geld, das wir gebraucht hatten, bekommen, demonstrieren wir damit, dass unser Gott uns versorgt. Wenn sich Christen zum Lobpreis im Namen Jesu versammeln, erleben sie die wunderbare Gegenwart des Heiligen Geistes – eine Atmosphäre der Schönheit und der Kraft Gottes.

Mehr als ein Name!

Ich war in Kanada und sprach auf einer Konferenz. Sie fand in einem Hotel statt, von dem aus man die unglaublichen Niagara-Fälle sehen konnte. Aus der gesamten Gegend um Toronto hatten sich Erwachsene der „Generation X" zusammengefunden. Die Veranstaltungen waren stark gesegnet.

Der Kerl, der die Konferenz leitete, Dave, ist einer meiner guten Freunde. Das ganze Wochenende über hatten er und sein Team Probleme mit der Hotelleiterin. Es schien, als könne sie ihren Mund nicht aufmachen, ohne sich bei ihm über irgendetwas zu beschweren – meist waren es Kleinigkeiten. Dave konnte einfach nicht verstehen, warum diese Dame in ihrer Haltung ihm gegenüber so feindlich war. Es war ganz egal, was er tat, sie brachte es fertig, bis ins Kleinste Fehler zu finden. Schließlich konnte er ihre Haltung nur noch als ein geistliches Problem erklären. Sie hatte einfach ein Problem mit Christen, Punkt aus.

Am Abend der Hauptveranstaltung stand er hinten im Raum und beobachtete, wie der Heilige Geist sich unter den Menschen bewegte. Gott wirkte im Leben der Menschen, nachdem sein Wort verkündigt worden war. Aus dem Augenwinkel sah Dave, wie die Hotelleiterin auf ihn zukam. Er dachte sich: „Oh nein, nicht schon wieder. Das brauche ich jetzt nun wirklich nicht." Er versuchte, den Augenkontakt mit ihr zu vermeiden. Doch sie trat direkt auf ihn zu und stellte sich vor ihn.

Dave erwartete, dass sie jeden Moment explodieren würde, doch sie stand eine Weile einfach nur vor ihm und ihre Augen füllten sich mit Tränen. Dann sagte sie, leise und sichtlich berührt: „Dieser Raum ist erfüllt von sehr positiver Energie, nicht wahr?"

Diese junge Hotelmanagerin wusste nicht, wie sie es nennen sollte. Sie war mit Ausdrücken wie „die Gegenwart Gottes" oder „die Salbung des Heiligen Geistes" nicht vertraut. Doch sie wusste, dass sie *Etwas* oder *Jemandem* in diesem Raum begegnete. Sie war in der Gegenwart eines Königs! Sie konnte spüren, wie sich die geistliche Atmosphäre veränderte, weil sich Christen im Namen Jesu versammelten und Ihn anbeteten.

Der Name Jesu ist ein besonderer Name. Aber es ist nicht das Wort „Jesus" an sich, das so besonders kraftvoll ist. Selbst heute kannst du auf der ganzen Welt viele Babys finden, die „Jesus" heißen. Wenn Du betest und den Namen eines dieser Kinder benutzt, wird nichts geschehen. Selbst wenn es großartige Kinder sind!

Nicht das *Wort* „Jesus" besitzt Kraft, sondern die Person, die hinter diesem Namen steht, ihre moralische und geistliche Übertrefflichkeit und ihre Position. Das Wesen Christi und seine Autorität als der auferstandene Sohn Gottes machen Gebete, Glauben und Taten in seinem Namen zu dem, was sie sind.

Gott möchte, dass sein *Name* bekannt und angesehen ist, denn Er möchte den Menschen mitteilen, wie Er ist. Nur dann werden sie wissen, wie sie sich Ihm gegenüber verhalten sollen und wie sie seine Freundschaft genießen können, wie sie sich mit Ihm verbinden und Ihm gefallen können.

Dieses Buch stellt folgende Frage: Wie können wir Gottes Namen in *unserem* Zeitalter berühmt machen und erheben? In dieser postmodernen Welt, die so von Humanismus, Rationalismus und der „Heute-leb-ich-morgen-sterb-ich-Mentalität" beeinflusst wurde. Wie können *wir* Gott in unserer Zeit berühmt machen?

[1] Mein Buch *Get Real!* steht nun auch in Englisch als E-book unter www.nextwaveinternational.com zur Verfügung

[2] Siehe auch zum Beispiel: 1. Könige 8, 41–43 und 2. Chronik 7, 14

[3] Matthäus 6, 9

[4] Epheser 2, 6–7

[5] Matthäus 6, 9 und Johannes 15, 8

[6] 1. Mose 1, 26–27

[7] Markus 9, 47

[8] Römer 1, 25

[9] Jesaja 59, 2

[10] 1. Mose 18, 27

[11] 1. Mose 17, 1

[12] 1. Mose 22, 14

[13] Richter 6, 24

[14] Zum Beispiel: *Jahwe Nissi* (der Herr ist mein Banner – 2. Mose 17, 15) und *Jahwe Tsidkenu* (der Herr ist meine Gerechtigkeit – Jeremia 23, 6)

[15] 1. Mose 17, 1–8

[16] 2. Mose 3, 14

[17] Matthäus 16, 16–18

[18] siehe [17]

2

Größer als Babylon

Du bist fit, gut ausgebildet und dein Kopf ist voller Träume für die Zukunft.

Eines Tages, du sitzt gerade in einer Vorlesung an der Uni oder in einem Geschäftstreffen, werden plötzlich die Türen von einer Gruppe junger, bewaffneter Kämpfer in Tarnkleidung aufgetreten. Zusammen mit deinen Kollegen wirst du mit einer Waffe bedroht und in einen großen LKW gestoßen, der durch die Wand gefahren wurde. Du wirst zum nahe gelegenen Flughafen gefahren. Die Pistolen immer noch auf dich gerichtet, wirst du in ein wartendes Flugzeug gedrängt. Während du noch versuchst, deine Gedanken zu ordnen und zu verstehen, was gerade passiert, hebt das Flugzeug ab. Viele Stunden später findest du dich und deine Freunde in einem Verschlag unter dem Tianneman-Platz wieder.

Keine 24 Stunden nachdem du entführt worden bist, stellst du fest, dass du nun offiziell Gast der chinesischen Roten Armee bist und sie nicht vorhaben, dich zurückzuschicken. Sie beabsichtigen, dich einer kommunistischen Gehirnwäsche zu unterziehen. Sie werden deine Essgewohnheiten, deine Kleidung und sogar deinen Namen ändern, um dich in das chinesische Leben und die chinesische Kultur zu integrieren.

Wie fühlst du dich jetzt? Hast du Angst, bist du frustriert oder sauer? Du fühlst dich wahrscheinlich so, wie der Prinz Daniel aus lang vergangenen Zeiten.

Nebukadnezar, König von Babylon, war schon in jungen Jahren ein begabter und scharfsinniger Eroberer. Aus der Geschichte hatte er gelernt, dass es zu Revolution und Rebellion führt, wenn man den Patriotismus der Menschen zerschlägt.

Anstatt den Nationalstolz seiner Gefangenen zu ersticken, versuchte er, sie völlig in das Leben in Babylon zu integrieren. Mit der Zeit würden sie sich selbst als Babylonier sehen. Er begann immer mit jungen Menschen. Menschen, die noch für neue Erfahrungen und Eindrücke offen waren und dennoch gebildet genug waren, die Feinheiten der Literatur und Wissenschaft in Babylon zu verstehen. Der Prozess der Integration begann damit, dass bestimmte Dinge entzogen wurden.

Sobald Babylon Menschen in Gefangenschaft hatte, nahm man ihnen ihre Häuser, Sprache, Literatur, Nahrung und Namen.[1] Diese Dinge standen für verschiedene Aspekte ihres Identitätsgefühls.

Nebukadnezars Strategie bestand darin, die Menschen völlig von ihren Wurzeln und ihrer eigentlichen Identität zu trennen und sie dann in ein fremdes System zu integrieren. Er wollte ihnen eine neue Identität nach seinen Vorstellungen geben.

Daniel und seine Freunde waren sich bewusst, dass ihrer Nation ein besonderer Platz als Gottes ausgesondertem Volk zugesichert worden war. Gott hatte Israel als Nation eine einzigartige Identität versprochen.[2] Die weiteren Verheißungen, die Gott seinem Volk gab, entsprangen dieser Verheißung. Würde Israels Rolle unter den Völkern verwässert, hätte die Welt die für sie damals größte Chance verloren, herauszufinden, wie Gott wirklich ist und sich nach Ihm auszustrecken.[3]

Babylon neu entdeckt

Babylon geht es gut. Nicht der Stadt im Natürlichen – die ist ein Ödland, wie die Bibel es vorausgesagt hatte:

> *Und ich will Babel und allen Bewohnern Chaldäas all ihr Böses, das sie an Zion verübt haben, vor euren Augen vergelten, spricht der Herr. Siehe, ich will an dich, spricht der Herr, du Berg des Verderbens, der die ganze Erde verdirbt. Und ich will meine Hand gegen dich ausstrecken und dich von den Felsen hinabwälzen und dich zu einem verbrannten Berg machen, so dass man von dir*

*weder Eckstein noch Grundstein nehmen kann. Denn
eine ewige Trümmerstätte sollst du sein, spricht der Herr.*

Jeremia 51, 24–26

Mehrmals hatte Saddam Hussein versucht, die alte Stadt, die im
jetzigen Irak lag, wieder aufzubauen. Immer wieder versagte er,
weil Gott verkündet hatte, dass sie für immer vereinsamt und leer
sein würde.

Es ist der *Geist* Babylons, der noch immer präsent ist. In der Bibel
bezeichnet Babylon nicht nur etwas Materielles. Der Name
„Babylon" wird auch im übertragenen Sinn verwendet. Im Neuen
Testament bezieht sich das Wort „Babylon" auf Regierungssysteme
und Denkweisen der Welt, die versuchen, den Platz Christi als
König der Könige einzunehmen.[4] Gottes moralisches Gesetz wird
nicht angenommen und man versucht, etwas oder jemanden zum
Herrn dieser Erde zu machen. Jesu Platz als der rechtmäßige
Herrscher der Welt soll eingenommen werden und es wird versucht, eine Weltherrschaft ohne Ihn aufzurichten. Deshalb nennt
man ein solches System auch ein „antichristliches System". Eines
Tages wird es von einem Menschen geführt werden, den die Bibel
den „Antichristen" nennt, da der Antichrist in seiner Person alles
vereint, wofür Babylon steht.[5]

Ursprünglich steht der Name „Babylon" mit dem Turm zu Babel
in der Bibel im Zusammenhang. Ein Turm mit vielen
Stockwerken, der als Treffpunkt von Menschen und Götzen
gedacht war. Die Menschen wollten sich selbst einen Namen
machen, nicht Gott. Doch ihr Turm zog das Gericht Gottes nach
sich und wurde zerstört.[6] „Babel" heißt wortwörtlich
„Verwirrung" und Babylon verkörpert wie der Turm die
Verwirrung, die entsteht, wenn Menschen versuchen, Gottes
Reich ohne Gott zu bauen.

Der lebende Computer-Virus

Ein Computer-Virus erschafft nichts Neues. Er zerstört einfach
nur, was jemand anders aufgebaut hat. Hat ein Virus deinen
Computer einmal befallen, sorgt er dafür, dass du den Nutzen,
den du aus den Programmen ziehen würdest, nicht ziehen kannst.

Satan ist wie so ein Virus. Nur Gott kann etwas aus dem Nichts erschaffen. Der Teufel versucht lediglich, das von Gott Erschaffene zu zerstören. Er versucht, dich davon abzuhalten, die Segnungen, die du von Gott bekommen kannst, zu genießen.

Satan verfolgt in unserer Zeit die gleiche Strategie wie zu Daniels Zeiten. Er versucht, den Menschen ihr Gefühl zu stehlen, von Gott ausgesondert zu sein. Er tut sein Bestes, ihnen einen Lebensstil aufzudrücken, der für Gott keinen Raum lässt und die Menschen somit aus dem Bund mit ihrem Schöpfer herausbringt. Wenn das gelingt, können sie nicht eine einzige der Verheißungen genießen, die ihnen durch die Schriften gegeben wurden.

In Daniel 1, 1 wird gesagt, dass die Armee Babylons die Stadt Jerusalem belagerte. Auch wir leben in einer Zeit, in der sich die Menschen belagert fühlen. Viele Menschen jeden Alters werden von den schnellen Veränderungen, die um sie herum stattfinden, zunehmend verwirrt. Wir werden mit so vielen Wahlmöglichkeiten bombardiert, dass wir uns fragen, wie wir ins Bild passen. Einer aus der „Generation X" sagte es einmal so: „Es geht uns nicht darum, das System zu zerstören, wir können nur unseren Platz nicht finden."

In unseren Tagen konnten wir beobachten, wie eine Generation aufkam, der alles egal ist. Das ist zum Motto der Menschen der „Generation X" und „Generation Next" geworden. Was ist die Aussage dahinter? „Sag' mir nicht, was du tun möchtest oder was du von mir möchtest. Ich habe so viele Entscheidungen zu treffen, dass ich völlig überlastet bin und nicht die Kraft habe, mich an der ganzen Sache zu beteiligen."

Das Babylon von heute versucht, das Gefühl, von Gott für einen bestimmten Zweck auserwählt worden zu sein, zu untergraben. Dazu greift es die fünf Punkte an, auf die auch Nebukadnezar aufmerksam wurde.

Die Familie

Heute steht die Bezeichnung der „Familie" unter Beschuss. Dass homosexuelle Paare Kinder adoptieren möchten, ist kaum noch einer Zeitung Schlagzeilen wert. Nicht alle Homosexuellen sind glücklich, leichtherzig und sorglos. Viele verachten diesen Lebensstil. Sie spüren intuitiv, dass er unnatürlich ist, fühlen sich aber, als seien sie in ihm gefangen. [Im englischen Text wird hier auf das Wort *gay* verwiesen, das in der Umgangssprache synonym zu „homosexuell" verwendet wird, ursprünglich aber „glücklich", „leichtherzig" und „sorglos" bedeutete.]

Wir Menschen vergessen, dass unsere Sünde – Gottes Wege zu verlassen und unseren eigenen Moralvorstellungen nachzugehen – immer weitreichendere Konsequenzen mit sich bringt, als uns lieb ist. Was in unserer Generation noch als unumstößlich und nicht hinterfragbar gilt, wird, wenn wir Gottes Wege verlassen, in der nächsten Generation eine Frage sein, die man nicht so genau klären kann. Was wir heute für „zu weit" halten, wird möglicherweise Morgen schon akzeptiert werden, wenn nicht sogar erwünscht sein.

In den Sechzigerjahren glaubten manche – und sicherlich *nicht* alle –, dass die Welt eine sexuelle Revolution benötige. Sie befürworteten einen Lebensstil, der in sexuellen Beziehungen das Element der Bindung als nicht notwendigen Zusatz sah. Das Schlagwort war die „freie Liebe". Dennoch sind genau diese Menschen heutzutage erschüttert, dass es homosexuellen Paaren erlaubt wird, Kinder zu adoptieren. Sie wissen, dass das die Grundfeste unserer Gesellschaft bedroht.

Es ist kein schöner Gedanke, aber wer sagt, dass sich eine der auf uns folgenden Generationen nicht fragen wird – und vielleicht in nicht allzu ferner Zukunft – was wir eigentlich alle so festgefahren waren, dass wir Inzucht für ein Problem hielten. Wenn wir schon sagen, dass es Erwachsenen erlaubt sein soll, sexuell zu tun und zu lassen, was ihnen gefällt, solange sie es freiwillig tun, was spricht dann dagegen, das auch auf Geschwister anzuwenden? Während ich diese Zeilen hier schreibe, wird einer der ersten Fälle einer künstlichen Befruchtung bekannt, an dem ein Mann und seine Schwester beteiligt sind. Wenn man einmal den Gedanken ablegt, dass es Richtig und Falsch gibt, öffnet man Missbrauch wie diesem Tür und Tor.

Verliert eine Generation das Gefühl dafür, was Familie ist, verliert sie damit einen der wichtigsten Grundsteine der Identität als Mensch. Aus dem Blickwinkel des Gleichgewichts innerhalb der Familie beginnen wir, unseren Platz in der Welt zu erkennen, und das sowohl in sexueller als auch in emotionaler und gesellschaftlicher Hinsicht. In der Familie erleben wir zum ersten Mal das, was für ein gesundes Selbstwertgefühl unabdingbar ist: das Gefühl, dass wir es wert sind, geliebt zu werden, das Gefühl, dass wir dazu gehören, sowie das Gefühl, dass wir den Menschen um uns herum etwas Wertvolles geben können.

Wenn eine Generation das Gefühl dafür, was Familie ist, verliert, gibt sie auch einen wichtigen Teil der Erkenntnis Gottes auf. Einer der wichtigsten Punkte, die wir von Gott wissen können, ist, dass Er von Natur aus ein Vater ist. Ein Vater, der uns so sehr geliebt hat, dass Er seinen einzigen Sohn gesandt hat. Die Familie drückt aus, wie Gott ist.

Die Familie ist kein menschliches Konzept – sie ist ein Geschenk Gottes. Die Familie war Gottes Idee. Er legte fest, wie die korrekte Definition und Struktur einer Familie aussehen sollte, und hat sie am Anfang der Geschichte der Menschheit offenbart.

Gott sagte, dass ein Mann seinen Vater und seine Mutter verlassen und mit seiner Frau „vereinigt sein" würde – wortwörtlich unzertrennlich mit ihr verbunden sein würde, als wären sie zusammengeklebt worden.[7] Sie würden ihre Familien zurücklassen und eine neue gründen. Ihre Verbindung würde so intim, so eng sein, dass es, sollte man versuchen, sie zu trennen, so wäre, als würde man versuchen, zwei mit besonders starkem Kontaktkleber geklebte Teile zu trennen. Daher auch die tiefen Schmerzen, die Menschen im Zuge einer Scheidung erfahren.

Entfernt man das Konzept der Familie, wie *Gott* sie definiert, nimmt man großen Einfluss auf das Denken und die Gefühle kommender Generationen. Wir können Gott berühmt machen, indem wir großartige Familien bauen.

Sprich mit mir ...

Als Babylon darauf bestand, dass Daniel eine neue Sprache lernen müsse, war es nicht so, als besuche er eine kostenlose Abendschule für Ausländer. Die Art, wie Daniel und seine Freunde mit anderen umgingen, wurde völlig verändert.

Was ist Sprache? Geht es nur um Worte und Sätze? Geht es nur darum, Gespräche zu führen? Nein, die Sprache ist grundlegend daran beteiligt, wenn wir *Beziehungen* bauen. Babylon griff an, was Daniel brauchte, um Freundschaften schließen zu können.

Das heutige Babylon übt auf Freundschaften und Beziehungen großen Druck aus. Ironischerweise sind im so genannten „Zeitalter der Kommunikation" viele Menschen einsam und fühlen sich von den Menschen getrennt. Zum Teil hat dies damit zu tun, dass die Familie kaputt geht, in der wir eigentlich die Liebe kennen lernen sollten, die nicht von unseren Taten abhängt, sondern uns geschenkt wird, einfach weil wir Menschen sind.

Eine zu große Betonung des Individualismus belastet auch unsere Beziehungen. Dr. Carl Meninger sagt, dass Sünde das Wohl anderer opfert, um die eigenen Verlangen zu befriedigen. In der heutigen Zeit ist diese Haltung zu einer Tugend gemacht worden. Wir legen eine Mentalität zutage, laut der man einfach tut, was man will, ohne daran zu denken, dass die Konsequenzen unserer Handlungen andere betreffen. Wir sind stolz darauf, in einer Konsumgesellschaft zu leben, ignorieren dabei aber die sozialen Probleme, die sie nach sich zieht.

Jesus ist das größte Beispiel dafür, *nicht* für den Konsum zu leben. Er fasste seinen Auftrag auf der Erde mit diesen Worten zusammen:

> *Denn auch der Sohn des Menschen ist nicht gekommen, um bedient zu werden, sondern um zu dienen und sein Leben zu geben als Lösegeld für viele.*
>
> Markus 10, 45

Wahre Liebe ist nicht übermäßig mit sich selbst beschäftigt, sie ist viel zu beschäftigt damit, sich um das Wohl anderer zu kümmern. Sie freut sich mehr daran, zu geben, als zu nehmen. Wir alle haben ein Eigeninteresse, aber es besteht ein großer Unterschied zwischen diesem Eigeninteresse und der Selbstsucht. Jemand sagte einmal, dass es schwer sei, sich vorzustellen, Mutter Theresa müsse sich einer Therapie unterziehen. Sie war zu beschäftigt damit, sich der Nöte anderer anzunehmen, als dass sie sich auf ihre Unsicherheiten hätte konzentrieren können.

Wenn man von „Liebe" spricht, denken die meisten Menschen an Romantik und Chemie. Wahre Liebe ist jedoch viel mehr als nur ein Gefühl. Es ist ein mächtiges Gesetz, eine Kraft, die dem gesamten Universum zugrunde liegt. Jesus fasste es zusammen, als Er uns die zwei größten Gebote lehrte: Liebe Gott mit deinem ganzen Herzen, deiner ganzen Seele und deinem ganzen Sinn und liebe deinen Nächsten wie dich selbst.[8]

Achte darauf, in welcher Reihenfolge Er die Gebote nennt. Gott zu lieben ist ein moralisch notwendiges Gebot, es ist ein fundamentales Prinzip, gemäß dem das Universum funktioniert. Wenn wir Gott lieben, leben wir nach seinen Werten und gehorchen seinen Anweisungen. Wir leben dann mit den Menschen harmonisch zusammen und halten uns an die moralischen Grundsätze, die Gott uns gegeben hat. Des Weiteren veredelt es unsere Ziele und Träume, wenn wir Gott zuerst und am meisten lieben. Wir sind motiviert und haben den Mut, das Leben anderer zu verbessern.

Zwei meiner guten Freunde sind im Bereich der christlichen Anbetungsmusik sehr bekannt. Darlene Zschech ist die Stimme hinter den fantastischen Alben von *Hillsong Music*. Ihre Fähigkeiten als Komponistin und Sängerin werden allein von der Liebe übertroffen, mit der sie Gott anbetet. Ihr Ehemann Mark ist ein begabter Unternehmer, der geschäftliche Koordinator hinter den Touren von *Hillsong*, und verfolgt sein Ziel, die Botschaft von Jesus über die Medien zu verbreiten, mit großer Hingabe.

Vor Kurzem begannen sie mit einem neuen Dienst, der jungen Frauen in Schwierigkeiten professionelle Hilfe bietet und sich um sie kümmert. Sie kauften ein großes Haus und verwandelten das leere Gebäude in ein Zuhause für Frauen, die unter allen möglichen seelischen Problemen leiden. Sie mussten ihren Traum gegen den Widerstand der örtlichen Regierung durchsetzen. Sie mussten

Gönner finden, Geschäftsleute wie großzügige Privatpersonen. Sie mussten ihr eigenes Geld, ihre Zeit und Energie investieren und hatten nebenher ihre gewohnten Verpflichtungen in der Gemeinde und in ihrem Dienst.

Es wäre für Darlene und Mark ein Leichtes gewesen, sich zurückzulehnen und ihren musikalischen Erfolg zu genießen. Doch führte ihre Liebe zu Gott sie dazu, Risiken auf sich zu nehmen und verletzten Menschen zu helfen.[9]

Das geschieht, wenn du die Liebe zu Gott zu deiner höchsten Priorität machst. Du wirst merken, dass du frei bist, andere praktisch zu lieben, und dass deine Liebe einen Unterschied macht. Wir können Gott berühmt machen, indem wir solche Risiken auf uns nehmen, Risiken, die aus einer Liebe zu unserem Gott stammen.

Es gehören immer drei dazu

Du benötigst kein Diplom in statistischer Analyse, um zu erkennen, dass es vielen in der westlichen Kultur Probleme bereitet, ihre Ehe zusammenzuhalten. Das hat große Auswirkungen auf das psychische und physische Wohlergehen vieler Männer, Frauen und Kinder.

In England ist die Zahl der Alleinerziehenden beispielsweise in den letzten dreißig Jahren dramatisch angestiegen. 1971 machten diese Familien nur 8 Prozent aus, 1995 schon 21 Prozent.[10] Scheidung ist in diesem Land einer der Hauptfaktoren, die für die gesundheitlichen Probleme erwachsener Menschen verantwortlich sind. Bei geschiedenen Männern im Alter von 25 bis 50 Jahren ist die Wahrscheinlichkeit, dass sie frühzeitig sterben, doppelt so hoch wie bei verheirateten Männern gleichen Alters.[11] Die Einlieferungsrate in psychotherapeutische Einrichtungen liegt bei Geschiedenen vier- bis sechsmal höher als bei verheirateten Männern und Frauen. Geschiedene rauchen mehr, trinken mehr und praktizieren ungeschützten Geschlechtsverkehr in höherem Maße als Verheiratete. Die Wahrscheinlichkeit, Selbstmord zu begehen, ist bei geschiedenen Menschen viermal so hoch wie bei verheirateten Menschen.[12]

Was ist mit den Kindern? Studien zeigen, dass Kinder aus geschiedenen Familien mit höherer Wahrscheinlichkeit soziale, wirtschaftliche, psychologische und Gesundheitsprobleme entwickeln als Kinder aus intakten Familien. Sie haben auch größere Schwierigkeiten mit grundlegenden Veränderungen in ihrem Leben und lassen sich selbst schneller scheiden.[13]

Wir dürfen nicht vergessen, dass Gottes Kraft jede Situation zum Besten verändern kann. Du kannst alleinerziehend sein und gesunde, ausgeglichene Kinder aufziehen. Du kannst in einer alleinerziehenden Familie aufwachsen und dennoch Erfolg haben im Leben. Dennoch macht es eine Scheidung deutlich schwerer, eine glückliche Familie zu gründen und ein gesundes Leben zu führen.

Es gab nicht eine antike Kultur, die die Ehe nicht gekannt, geschätzt, geehrt *und* durch das Gesetz geschützt hätte. Daran könnte man erkennen, dass der Ehebund zwischen einem Mann und einer Frau mehr als nur eine „kulturelle Sache" ist. Vielleicht haben es sich ja doch nicht nur Menschen ausgedacht.

Im Westen basiert unser traditionelles Ehe- und Familienmodell im Allgemeinen auf den jüdisch-christlichen Lehren unseres kulturellen Hintergrundes und besonders auf der Bibel. Gemäß der Bibel wurde uns die Einrichtung der Ehe direkt von Gott gegeben.[14] Gott hat sie sich ausgedacht und sie spiegelt einen Teil seines Wesens wider.

Leider ist das Wort „Bund" fast aus unserem Alltag verschwunden. Es wird meist nur noch im rechtlichen Zusammenhang verwendet. Doch genau dieses Wort war antiken Kulturen sehr wichtig. Es bezeichnete zwei Freunde oder Menschengruppen, deren Beziehung zueinander über eine normale Freundschaft hinaus gewachsen war.

Sie waren an den Punkt gekommen, an dem eine besondere Verpflichtung eingegangen wurde – meist auf öffentlichem Weg. Bündnispartner versprachen sich, füreinander einzustehen, und das ohne Rücksicht auf Verluste. Ein Bund bestand immer darin, die Interessen des anderen über die eigenen zu stellen.

Der Bund sagte Folgendes aus: „Wenn du arm bist, werde ich für dich sorgen. Wenn du schwach bist, werde ich dich stärken. Wenn du angegriffen wirst, stehe ich dir zur Seite und kämpfe für dich, selbst wenn es mich mein Leben kostet. Und wenn dich Menschen aufgeben, dich fallen lassen, weil du einen Fehler gemacht hast, hebe ich dich wieder auf."

Das Konzept des Bundes war immer etwas Besonderes und bereicherte die Gesellschaft und das Leben einzelner. Der Gott der Bibel schließt Bünde. Er schließt einen Bund, der nicht aufgelöst werden kann, und das mit *unseren* Interessen vor Augen.

Nach der Bibel ist die Ehe ein Bund und mehr als ein einfacher Vertrag, wie wir ihn verwenden, wenn wir Land erwerben oder eine Arbeitsstelle finden.[15] Im Englischen wird die Ehe mit dem Bild zweier Menschen beschrieben, die einen Knoten knüpfen. In gewisser Hinsicht ist das Bild gar nicht mal so schlecht. Vom christlichen Standpunkt aus gesehen „verknoten" sich zwei Menschen in der Ehe auf vielerlei Weisen, die für beide interessant und erfüllend sind. Wenn zwei Menschen heiraten, erleben sie, wie sich ihr Verdienstpotenzial erhöht, wie sich ihr Freundeskreis ausweitet, wie sich ihre Freizeitgestaltung interessanter gestaltet und so weiter.

Manche sehen die hohe Scheidungsrate und klagen die Kirche an. „Siehste", sagen sie, „so wie die Christen die Ehe definieren, funktioniert sie nicht." Wenn man sie dann fragt, *wie* Christen Ehe definieren, hört man Antworten wie: „Die christliche Auffassung der Ehe ist, dass zwei Menschen den Rest ihres Lebens zusammen leben."

Das war aber *nie* die Definition, sie ist nicht vollständig. Beziehungen wurden geschaffen, Gott widerzuspiegeln. Unsere Beziehungen sollten Gott dadurch ehren, dass wir Ihn durch sie offenbaren.

Es ist ein schwieriges Konzept, das nicht in unsere Köpfe will, aber der Gott der Bibel ist ein dreieiniges Wesen: Vater, Sohn und Heiliger Geist.[16] Diese drei Personen stehen in einer perfekten Beziehung zueinander, die gekennzeichnet ist durch Harmonie,

Selbstlosigkeit und Liebe. Da wir im Ebenbild Gottes erschaffen wurden, sollten auch unsere Beziehungen Gottes Wesen und Charakter widerspiegeln. Unsere Beziehungen sollten so aussehen wie seine – es sollten immer drei Parteien beteiligt sein. In einer Freundschaft sollte es um zwei Menschen *und Gott* gehen. In einer Geschäftsbeziehung sollte es um zwei Menschen *und Gott* gehen. Gleichermaßen war die Ehe nie dazu bestimmt, nur aus Mann und Frau zu bestehen. Die Ehe sollte einen Mann, eine Frau *und Gott* beinhalten. Die Ehe ist ein bindendes Liebesversprechen, das zwischen einem Mann und einer Frau *und* zwischen Gott und ihnen gemacht wird (siehe Spr. 2, 17).

Die Bibel fordert uns dennoch nie auf, unsere Ehen allein auf die Verpflichtung zu gründen. Ein so wichtiger Bund wie die Ehe wird nicht durch das Gesetz zusammengehalten, sondern durch Liebe. Das ist auch der Grund, aus dem die Ehe heilig ist. Sie spiegelt einen sehr wichtigen Aspekt des Wesens Gottes wider. Mit den Worten des Apostels Johannes:

> *Gott ist Liebe.*
>
> 1. Johannes 4, 8

Gott *spürt* Liebe nicht nur, Er *erlebt* sie auch nicht nur. Er *ist*, was wir „Liebe" nennen. Ohne Ihn gäbe es keine Liebe im Universum, denn alle Liebe entspringt seinem Wesen. Wenn wir gute Beziehungen aufbauen, zeigen wir damit den Menschen um uns herum einen Teil des Wesens Gottes – wir machen Ihn berühmt. Das Liebesversprechen der Ehe ist im gewissen Sinne eine Offenbarung des überwältigenden und faszinierenden Wesens Gottes.

Darum, sagt die Bibel, hasst Gott Scheidung.[17] Unter bestimmten Umständen erlaubt Gott sie in seiner Barmherzigkeit und Gnade, wenn alles andere fehlgeschlagen ist. Dennoch ist Er bei Weitem nicht so offen für sie wie die Gesetze unserer Zeit. Scheidung schmerzt Ihn und geht gegen alles, was Er in seine Schöpfung gebaut hat. Sie geht also nicht an uns vorbei, ohne uns zu verletzen.

Die Liebe, die eine Ehe zusammenhält, hat nichts mit der unbeständigen Liebe zu tun, die in Rockliedern besungen wird. Diese wackelige Liebe kommt und geht wie die Schmetterlinge in deinem

Bauch. Wahre Liebe ist kein Zufall – sie ist stark und hält durch, sie basiert auf Entscheidungen und Hingabe. Natürlich gibt es in erfolgreichen Ehen eine gewisse Chemie. Wer will schon den Rest seines Lebens mit jemandem verbringen, bei dem es nie gefunkt hat? Fehlt der Chemie aber die Hingabe, erlebt man die *Krise*. Chemie wird dich vielleicht bis vor den Altar bringen, doch weiter nicht. Romantik an sich kann niemals die Erfüllung bringen, die du erlebst, wenn es in deiner Beziehung darum geht, Gott zu ehren. Sex ist am Besten, wenn er der Freundschaft dient und sie nicht dominiert.

Babylon hat vielen Menschen die Fähigkeit geraubt, Gottes Gegenwart in ihren Beziehungen zu entdecken. Ihre Beziehungen leiden, weil Gott in ihnen nicht geehrt wird.

Du bist, was Du isst

Daniel und seine Freunde verloren nicht nur ihre Heimat und ihre Sprache; sie mussten auch ihre normalen Essgewohnheiten aufgeben. Auf der ganzen Welt lieben es die Menschen, sich über ihr Essen zu definieren. Italiener lieben ihre Pasta und die Engländer schätzen ihren „Fish and Chips", Texaner rühmen sich (zu Recht) ihrer Steaks und wenn du ein Australier bist wie ich, dann gönnst du dir immer mal wieder ein „Meat Pie", wie ich es gern tue!

In Daniels Fall sagte die Ernährung natürlich nicht nur etwas über die Kultur aus, sondern ebenso über den Glauben seines Volkes. Das Gesetz des Mose äußerte ganz klare Vorstellung darüber, was man essen sollte und was nicht. Diese Anweisungen wurden nicht nur um der Gesundheit willen aufgestellt, sondern um Israel von den anderen Völkern als das auserwählte Volk Gottes abzugrenzen. Ihre Essgewohnheiten waren eng mit ihrer kulturellen und geistlichen Identität verbunden.

Babylon nahm ihnen diesen wichtigen Ausdruck ihrer Kultur und ihres Glaubens weg. Es versuchte, Daniels Generation einen ganz anderen Umgang mit ihrem Körper anzutrainieren. Heute versucht Babylon, uns in eines von zwei Extremen zu bringen. Entweder beten wir unseren Körper an und verbringen jede freie Minute im Fitness-Center und versuchen, den perfekten Körper zu formen.

Oder wir ignorieren ihn total und vergeuden keinen Blick auf das, was wir mit ihm anstellen und wie wir ihn ernähren.

Treten wir in die erste Falle, setzen wir das Zeitliche über das Ewige. Paulus sagte:

> *Denn die leibliche Übung ist zu wenigem nütze, die Gottseligkeit aber ist zu allen Dingen nütze, weil sie die Verheißung des Lebens hat, des jetzigen und des zukünftigen.*

> 1. Timotheus 4, 8

Er behauptet nicht, dass körperliche Übung wertlos sei. Menschen begehen nur einen großen Fehler, wenn sie sich mehr um ihren Körper sorgen, der letztendlich nicht ewig hält, als um den Zustand ihrer Seele, die ewig besteht. Wenn wir so viel Zeit damit verbringen würden, die Seele und den Geist auszubilden, zum Beispiel durch Gebet und Lobpreis, wie wir für unseren Körper aufbringen, würde unser Leben Gott berühmt machen.

Menschen, die in die zweite Falle treten, und das Wohl ihres Körpers ignorieren, entehren Gott, der ihnen dieses kostbare Geschenk gab. Sie zeigen darüber hinaus, dass eine gottlose und zerstörerische Haltung in ihren Herzen Wurzel geschlagen hat. Im Grunde genommen sagen sie: „Was nützt es schon, auf mich zu achten? Ich bin eh nichts wert." Diese Einstellung wird sie beständig davon abhalten, sich nach dem auszustrecken, was Gott für ihr Leben hat.

Eine der Taktiken, die Babylon benutzt, um unseren Körper anzugreifen, besteht darin, uns von Medikamenten abhängig zu machen. Die Bibel warnte uns schon davor, als wir noch gar nicht wussten, *dass* dies ein Problem wird.

In der Offenbarung wird der Niederfall des neuen Babylons, das uns umgibt, vorhergesagt. Dort steht:

> *... denn deine Kaufleute waren die Großen der Erde; denn durch deine Zauberei sind alle Nationen verführt worden.*

> Offenbarung 18, 21–23

Das griechische Wort, das hier mit „Zauberei" übersetzt wird, ist die Wurzel der Worte „Pharmazie" und „pharmazeutisch". Winkie Pratney schreibt, dass die Bibel lehrt, dass die Kraft Babylons *pharmakia* sei. Das Wort werde in der Bibel mit „Zauberei" oder „Hexerei" übersetzt – und daraus stamme die weltbeherrschende Kraft dieses Fürstentums.[18] Medikamente und ähnliche Mittel gehören zu den hauptsächlichen wirtschaftlichen Kräften Babylons.

Auf vielerlei Weise *ist* unsere Generation von diesen Mitteln abhängig. Nicht nur illegale Drogen stellen ein Problem dar, sondern auch die kleinen Mittelchen, die wir täglich benutzen, um mit dem Leben klarzukommen. Pharmazeutische Unternehmen erwirtschaften für ihre Investoren große Gewinne, indem sie immer wieder neue Mittel erfinden und die Macht der Werbung nutzen, uns zu überreden, sie Teil unseres täglichen Lebens werden zu lassen. Eine Konsequenz unserer Abhängigkeit ist, dass Krankheiten, von denen wir dachten, wir hätten sie ausgelöscht, wieder auftauchen. Die jeweiligen Krankheitserreger werden einfach immun gegen unsere Medikamente.

1989 war es beispielsweise unmöglich, in Amerika auch nur einen Fall einer medikamentresistenten Lungenentzündung ausfindig zu machen. 1995 waren bis zu 25 Prozent aller Fälle einer Lungenentzündung Erwachsener gegen Penizillin resistent.[19] In New York werden 30 Prozent aller Tuberkulosefälle von Bakterien ausgelöst, die gegen Antibiotika resistent sind.[20]

Traurigerweise verursacht unsere Abhängigkeit von Medikamenten und Mitteln weitaus mehr, als „nur" unsere Widerstandsfähigkeit gegen Krankheiten zu schwächen. Sie raubt uns auch der Gelegenheit, Gott als Heiler kennen zu lernen. Das könnten wir dadurch, dass wir von Ihm auf übernatürliche Weise geheilt werden, und dadurch, dass wir natürliche Heilmittel verwenden und einen gottgefälligen, gesunden Lebensstil an den Tag legen. Christliche Pioniere wie der Leiter der Quäker, George Fox, lehrten viel über natürliche Heilung mit Gottes Hilfe. John Wesley, Gründer der Methodistenbewegung, schrieb ein Buch über Hausmittel. Die Welt muss Menschen sehen, die, wenn es darum geht, gesund zu werden und zu bleiben, von der Bibel ausgehen und den darin enthaltenen Prinzipien und nicht nur auf medizinische Trends achten.

Alle Wahrheit ist Gottes Wahrheit. Die Medizin spielt eine wichtige Rolle in unserem Leben, und das zu Recht, sie ist ja auch ein wunderbares Geschenk Gottes. An erster Stelle sollten wir allerdings *Gott vertrauen* und *unseren Glauben auf Ihn richten.*

[1] Daniel 1, 1–5
[2] 5. Mose 28, 9–10
[3] 5. Mose 4, 6–8
[4] Offenbarung 17, 14 (siehe 1. Johannes 4, 3)
[5] 1. Johannes 2, 18
[6] 1. Mose 11:4, 9
[7] 1. Mose 2, 24
[8] Matthäus 22, 37–39
[9] Weitere Informationen über Mark und Darlene Zschechs Arbeit *Mercy Ministries,* Australien, unter: www.mercyministries.com.au oder E-mail: info@mercyministries.com.au
[10] *UK Office of National Statistics, Social Trends 28,* 1998
[11] *The Observer,* 22. Dezember 1995
[12] Siehe [11]
[13] *Divorce Today Factsheet,* OnePlusOne pub., 1998
[14] 1. Mose 2, 24
[15] Matthäus 2, 14
[16] Matthäus 28, 19
[17] Matthäus 19, 6 und Maleachi 2, 16
[18] Winkie Pratney, *Fire on the Horizon* (Renew Books, 1999) S. 21 [Auf Deutsch bei Asaph erschienen: *Feuer am Horizont*].
[19] Siehe [18] S. 22
[20] Siehe [18] S. 22

3

Du, ganz neu

Wir schreiben das Jahr 1924. Die Olympiade findet dieses Jahr in Paris statt. Ein junger Schotte ist mit dem Rest des britischen Teams an Bord eines Schiffes und bereitet sich darauf vor, für sein Land zu laufen.

Er blickt zurück zu seinen Tagen als Rugby-Spieler in der Oberliga. Er denkt an die langen Trainingsläufe über die Hügel seines heimischen Hochlandes. Er lächelt, wenn er an seine kleine Schwester denkt und daran, wie überzeugt sie war, zu wissen, was er mit seinem Leben tun und nicht tun solle.

„Du musst das Laufen aufgeben", sagte sie ihm. „Du musst dich auf deinen evangelistischen Dienst konzentrieren. Gott hat dich als Missionar berufen, wie deinen Vater."

Er hatte sich entschieden, Missionar zu werden. Das war sein Hauptziel im Leben. Doch könnte er Gott auch durch seine sportlichen Leistungen verherrlichen. Und jetzt stand er vor dem Rennen, in dem er das tun konnte.

Jetzt ist er hier an Bord des Schiffes und genießt die Gesellschaft der anderen Sportler. Er hört, dass der Zeitplan für die Spiele endlich ausgehangen worden sei. Wie alle anderen rennt er los, um herauszufinden, wann er seinen großen Auftritt haben würde.

Zu seinem großen Entsetzen muss er feststellen, dass das einzige Rennen, an dem er teilnehmen würde, an einem Sonntag stattfindet. Jetzt weiß er, dass er nicht teilnehmen kann. Es gibt keine andere Möglichkeit. Er kann einfach nicht mit gutem Gewissen am Tag des Herrn rennen.

Wie ein Lauffeuer verbreitet sich die Neuigkeit auf dem Schiff. Eric Lidell weigert sich, zu laufen. Es wird gesagt, es hätte etwas mit seinen religiösen Prinzipien zu tun. Der flinke Schotte war der

Favorit gewesen. Ganz England hatte diese Einstellung und dementsprechende Erwartungen.

Sein Trainer war schockiert und bat ihn, es sich noch einmal zu überlegen. Doch Eric blieb standhaft. Der Prinz von Wales war zufällig an Bord des Schiffes und Eric wurde gebeten, den Prinzen in seinem Privatquartier zu treffen. Die Teamleiter hofften, dass es auf diesen sturen jungen Mann wirken würde, wenn ihn sein zukünftiger König bitten würde, zu laufen. Doch vergeblich. Er sagte, dass er zuerst Gott gehorchen müsse, und das auch vor Prinzen und Königen.

Die damaligen Zeitungen verbreiteten die Nachricht in England und dem Rest der Welt. Der junge Mann, der seinen König verachtet haben sollte, wurde ungewollt berühmt. Einige hielten ihn für einen Verbrecher.

Letztendlich wurde im Team ein Kompromiss gefunden. Eric sollte in einem anderen Rennen laufen, einem Rennen, für das er nicht trainiert hatte. Man dachte, er würde wohl nicht den ersten Platz erreichen, aber vielleicht den zweiten oder dritten.

Eric lief das Rennen. Und gewann mit seinem einzigartigen Laufstil – mit zum Himmel gewandten Gesicht, Kopf im Nacken, als wolle er so viel Sauerstoff wie möglich einsaugen! Die ganze Nation feierte seinen Sieg und Jahre später drehte ein Drehbuchautor aus Hollywood einen Film über ihn: *Die Stunde des Siegers*.

Obwohl es enormen Mut gebraucht haben muss, besonders damals, als es noch als sehr wichtig galt, seine „Pflicht" zu erfüllen, stellte sich dieser junge Schotte sogar gegen seinen König. Was gab ihm diesen enormen Mut und diese Hartnäckigkeit? Er war sich seiner Stellung in Gott bewusst. Kein König auf Erden konnte ihm die endgültige Entscheidung abnehmen. Er war von einer höheren Autorität berufen. Er wusste, wer er war und wem er gehörte.

Wie soll ich dich nennen?

Wenn du ein Jude wärst zur Zeit Daniels, hätte sogar dein Name eine besondere, geistliche Bedeutung für dich. Er sollte auf deine Bestimmung hinweisen.

Kaum waren sie in Babylon angekommen, änderte Nebukadnezar die Namen, die Daniel und seine Freunde bei ihrer Beschneidung empfangen hatten und die alle den Namen des Gottes der Juden enthielten. Nebukadnezar ersetzte sie mit Namen, die auf die Hauptgottheiten der Chaldäer verwiesen. Daniel (Gott ist mein Richter) wurde zu Beltschazar (Wächter der versteckten Schätze Bels). Sein Freund Mischael (der, der der starke Gott ist) wurde zu Meschach (der Göttin von Schach). Schach, auch als Venus bekannt, war eine wichtige Göttin der Babylonier.[1]

Das postmoderne Babylon versucht, uns unserer besonderen Identität unter Gott zu berauben, indem es uns dazu bringen möchte, uns selbst mit anderen Namen zu bezeichnen als den Namen, die Gott uns gibt. Das geschieht auf zweierlei Weise.

Die Menschheit wird stark von der Evolutionstheorie beeinflusst. Charles Darwin sagte, dass er nicht vorgehabt hätte, Gott zu töten, doch genau das tat er in den Köpfen vieler Menschen. Nachdem Darwin seine Theorie aufgestellt hatte, begannen die Menschen, sich zu fragen, ob Gott nicht erfunden worden war, um uns zu helfen, die Welt zu verstehen, bis die Wissenschaft so weit war, uns die Wahrheit zu präsentieren.

Bevor es die Evolutionstheorie gab, argumentierte man anhand der Komplexität, die wir in der Natur sehen, dass man davon ausgehen muss, dass hinter allem ein intelligenter und kreativer Schöpfer steckt. Mit der Zeit wurde Darwins Theorie immer beliebter und nun war die Evolution für die Komplexität unserer Welt verantwortlich. Nicht Gott hatte die uns bekannte Artenvielfalt geschaffen, sie war vielmehr das Ergebnis der natürlichen Selektion.

Diese Theorie bewirkte eine weitere wichtige Bewusstseinsveränderung: Der Mensch war kein besonderes Geschöpf mehr, das in Gottes Ebenbild geschaffen worden war. Wir galten nicht mehr als die Kinder Gottes, wir wurden zu den Nachkommen der Affen und der Ursuppe! Nicht nur Gott wurde erniedrigt und für unwichtig erklärt, auch wir sind erniedrigt worden. Bryan Appleyard schreibt, dass der Mensch schrittweise zur Auffassung kam, er sei ein Wesen, das sich in der Spannung seiner Existenz und seiner absoluten Bedeutungslosigkeit befinde. Die Wissenschaft habe uns das Bild des modernen Menschen geschenkt: er sei allein, habe sich selbst erschaffen, definiere sich über sich selbst und sei von der Welt verblüfft und überwältigt.[2]

Ob es dir gefällt oder nicht, nach Darwins Theorie sind wir von Kindern Gottes zu Affenkindern geworden, von Kindern des Himmels zu Kindern einer Algensuppe. Wenn wir unseren Kindern beibringen, dass wir Affen sind, die einfach Glück hatten, Tiere, die zufällig im Vorteil sind, warum sollten wir uns dann wundern, wenn sie anfangen, sich wie Tiere zu benehmen – oder schlimmer? Wenn wir unseren Kindern beibringen, dass es niemanden gibt, der moralische Fragen mit engültiger Wirksamkeit beantworten kann, und dass es somit kein unabänderbares „richtig" und „falsch" gibt – warum sollten sie dann nicht zu Anarchisten werden, die sich gegen jedes erdenkliche System auflehnen? Wenn wir den Menschen sagen, dass es keine besondere Bestimmung gibt, die Gott für sie bereit hält, wie sollten sie dann nicht verzweifeln?

Nicht einmal der leidenschaftlichste Befürworter des wissenschaftlichen Fortschritts könnte heutzutage behaupten, dass die wunderbare „Neue Welt", die uns von der Wissenschaft verheißen wurde, zustande gekommen wäre. Die Technik ist vielmehr – wird sie uns auch oft zum Segen – zu einem Werkzeug geworden, mit dessen Hilfe sich die Menschheit unglaublich großen Schaden zugefügt hat.

An einem einzigen Tag der Schlacht an der Somme (Fluss in Frankreich) im Jahre 1916, der ersten Schlacht, in der Panzer eingesetzt wurden, verloren mehr Menschen ihr Leben als in all den Kriegen, die im Jahrhundert davor in Europa geführt worden waren. Dort wurden zwei Jahrhunderte des positivistischen Humanismus, Nachkommen der Aufklärung, im Schlamm der Felder im Norden Frankreichs begraben. Der Humanismus hat sich seitdem nie wieder völlig erholt.

Später wurden wir Zeugen der Greueltaten in Auschwitz-Birkenau und des ersten, schrecklichen Einsatzes der Atombombe in Hiroshima. Appleyard sagt dazu, dass die Unschuld des einfachen, progressiven Mythos der Aufklärung endgültig starb und dass wir sehen mussten, dass sachlich wissenschaftliches Denken genauso Ungeheuer schaffen konnte, die denen ohne diese Denkweise in nichts zurückstanden. Der Schrecken des zwanzigsten Jahrhunderts zeige klar, dass es grauenvolle Konsequenzen habe, wenn Erkenntnis und Werte getrennt würden.[3]

Religion zum Selberbasteln

Babylon greift unsere Identität unter Gott weiter an. Die Menschen werden heutzutage mit einer Fülle an verschiedenen Glaubensoptionen bombardiert. Man kann seinen Glauben wie Lebensmittel im Supermarkt einkaufen. Du kannst deine Zutaten aus verschiedenen Quellen wählen, ein bisschen hiervon und ein bisschen davon, mischst es gut durch und hast dann deinen eigenen, selbstgebastelten Designer-Glauben. Am Ende hast du einen Glauben, der rein subjektiv ist. Hättest du *keinen* Glauben, würde es dir auch nicht schlechter gehen. Du hältst nichts als deine eigene Weisheit in der Hand, musst dein Leben auf sie gründen, hast keinen moralischen Sinn als den deines wankelmütigen Herzens.

Die alten Babylonier waren geistlich gesinnte Menschen und ihre religiösen Vorstellungen formten ihr gesamtes Weltbild und ihre kulturelle Identität. Der Name ihrer Stadt bedeutete: „Das Tor zu den Göttern". Ihre berühmten Ziggurat – den Pyramiden ähnliche Tempel – waren von Menschenhand gebaute Berge, die die Priester in der Hoffnung bestiegen, den Göttern zu begegnen.

Dennoch war der Glaube Babylons nicht auf der Offenbarung Gottes gegründet. Er war von Menschen entworfen worden und versuchte, Gott im Ebenbild des Menschen zu erschaffen. Ihre Götter konnten von ihnen kontrolliert werden und ermöglichten es ihnen, die Kontrolle über andere Menschen zu erlangen. Wie so oft der Fall bei falschen Glaubenslehren, war ihr Glaube in mancher Hinsicht auf einer verdrehten Form der in der Schrift offenbarten Wahrheit gegründet.

Der *Heaven's Gate Cult*, die *Branch Davidians* und die *Solar Temple Group* sind aktuelle Beispiele für Sekten, die auf dem Missbrauch christlicher Lehre basieren und diese benutzen, um andere Menschen zu manipulieren.

Das Glaubensleben und die Kultur der Babylonier bestanden aus einer merkwürdigen Mischung wissenschaftlicher, pseudowissenschaftlicher und spiritueller Zutaten. Auch in unserer Zeit können wir feststellen, wie die Grenzen zwischen Wissenschaft und Spiritualität verwischen. Wir haben Glaubensgemeinschaften, die auf dem Gedanken beruhen, dass Kontakt zu außerirdischen Wesen möglich ist, die mithilfe ihrer uns überlegenen Technologie zu uns gekommen sein sollen. Es gibt Gruppen wie die Scientologen, deren Lehre Science-Fiction-Technik-Gerede und religiöse Metaphorik eigenartig vermischt.

Wissenschaft an sich ist für einige Menschen zu einer Art Glauben geworden. Nicht die Religion, sondern die Wissenschaft ist zum „Opium des Volkes" geworden. Von klein auf werden wir an eine wissenschaftliche Denkweise herangeführt. Uns wird beigebracht oder zumindest nahegelegt, als rational denkende Wesen geistliche Faktoren außer Acht zu lassen, nicht in Betracht zu ziehen, dass Wunder geschehen können (wobei wir in unserem Leben doch noch auf Wunder hoffen) und alles, was wir nicht über unsere fünf Sinne erfahren können, zu ignorieren. Wir haben Heldenhaftigkeit durch Genusssucht ersetzt und streben nicht mehr nach geistlich Bedeutendem, sondern nach angenehmen Erfahrungen.

Wo einst der Glaube jeden Bereich unseres Lebens beeinflusst hat, durchflutet nun der Glaube an die Wissenschaft jede Fassette unserer Erfahrungen. Bald erlauben wir den Wissenschaftlern, Krankheiten nicht nur zu heilen, sondern auch den Versuch zu wagen, ihnen durch Genbasteleien *vorzubeugen*.

Die Menschen lassen sich oft von einem falschen Sicherheitsgefühl einlullen, was die Zukunft betrifft. Sie glauben, dass die Technik uns eine Lösung für jedes Problem bieten wird. Der Technik geht es nur um Nutzen und Effizienz. Sie sucht nach Wegen, das, was wir tun, schneller und sparsamer zu tun. So gesehen ist Technik an sich moralisch neutral. Sie kann konkreten Nöten begegnen, doch wir als Anwender müssen die moralischen Entscheidungen treffen und festlegen, wie, wo und *ob* sie genutzt werden sollte.

Unser Problem besteht darin, dass sich die Technik in einem solchen Tempo entwickelt, dass keine Zeit bleibt, sich den mit ihr verbundenen moralischen und ethischen Fragen zu stellen. Wir laufen voran, sind aber nicht in der Lage, abzuwägen, ob das, was wir entwickeln, ethisch und moralisch gerechtfertigt werden kann. Wissenschaftler und Ethiker sind sich des Gesetzes der uneingeschränkten Konsequenzen bewusst. Die Natur ist komplex *und* filigran und wir können sie verändern, können aber nicht voraussagen, was die Langzeitauswirkungen unserer Veränderungen sein werden. Nehmen wir zum Beispiel das menschliche Erbgut. Es wird entschlüsselt und wir entwickeln Technologien, die unser Wissen ausnutzen. Wer könnte sagen, was das für Auswirkungen auf die Natur in, sagen wir mal, hundert Jahren hat?

Appleyard schreibt, die Wissenschaft beantworte heutzutage Fragen, als sei sie eine Religion. Sie gehe aber nicht auf die geistlichen Fragen nach Sinn und Inhalt ein.[4] Unsere Moral wird letztendlich davon geprägt, was wir für unsere Bestimmung halten, wie wir von uns denken und was wir als unseren Lebenssinn sehen. Die Wissenschaft spricht diese Aspekte nicht an, weil sie es nicht vermag. Beobachten und Experimentieren wird nie ausreichen, unser Universum oder uns selbst wirklich zu verstehen. Was wir beobachten, kann uns als Fingerzeig dienen, doch können wir nur über Offenbarungen die Fülle der Zusammenhänge erkennen. Die Moral kann nur dann aufblühen, wenn eine Atmosphäre des Glaubens an Gott herrscht. Ohne den moralischen Kompass, der uns leitet, werden wir auf den Felsen unseres eigenen Ideenreichtums zerschellen.

Woher weißt du das?

Als Babylon sich an die Lesegewohnheiten Daniels heranmachte, wurde ihm nicht einfach ein neuer Bibliotheksausweis ausgestellt. Es ging vielmehr darum, die Art zu verändern, auf die er sich sein Wissen aneignete.

Bei der Bildung geht es unabhängig von der Disziplin um weit mehr als nur darum, Tatsachen zu vermitteln. Ein Wörterbuch definiert *Bildung* als den mit der Geburt einsetzenden Prozess, insbesondere über Unterricht intellektuelle Kapazitäten, natürliche Fähigkeiten und soziales Bewusstsein zu entwickeln.

Es geht darum, jemandem die Fähigkeit zu schenken, sein volles Potenzial auszuschöpfen. Unsere Intelligenz, die manchmal als die Fähigkeit, im Feinen zu unterscheiden, definiert wird, soll erweitert werden. Bildung hilft uns dabei, zwischen Ideen zu unterscheiden und einzelne Konzepte zu einer Gesamtwahrnehmung zu verknüpfen.

Bildung vermittelt uns bestimmte Lernmethoden und einen bestimmten Blick für die Welt. Ein Student der freien Künste wird seine Welt anders sehen als ein Mathematikstudent. Beide werden versuchen, etwas zu lernen und in Erfahrung zu bringen, doch tun sie das auf unterschiedliche Weise, da in ihrer Ausbildung unterschiedliche Schwerpunkte gesetzt werden. Ich bin sehr dankbar für die zwölf Jahre, die ich in der Schule, und die fünf Jahre, die ich an der Universität verbringen durfte. In diesen Jahren habe ich viel gelernt. Nicht nur in bestimmten akademischen Disziplinen, sondern auch über das Leben, über Menschen und darüber, wie man denkt.

Bildung ist ein großer Segen. Für uns als Christen ist sie besonders wichtig. Ja, ich weiß, dass viele denken, dass man, wenn man Christ wird, seinen Verstand in den Ruhestand schickt. Das tun sie, weil sie *Glauben* mit *Fantasie* und *Unschuld* mit *Unwissenheit* verwechseln. Wenn du Bildung für sehr wichtig hieltest, *bevor* du Christ geworden bist, solltest du sie jetzt für *noch viel wichtiger* halten.

Eine gute Ausbildung ermöglicht es uns, unsere von Gott gegebenen natürlichen Fähigkeiten zu verfeinern. Einige Pädagogen sprechen mittlerweile von drei verschiedenen Arten von Genies. Während die traditionellen IQ (Intelligenz-Quotient)-Tests nur bestimmte geistige Fähigkeiten prüfen, merken Lehrer mittlerweile, dass es weitere, genauso wichtige Arten der Intelligenz gibt. Einer der Pioniere dieses Ansatzes war Howard Gardner. Er definierte sieben Arten der Intelligenz:

1. Sprachliche Intelligenz: die Fähigkeit, Wörter zu lesen und zu schreiben.

2. Logisch-mathematische Intelligenz: die Fähigkeit, mit in Zahlen festgehaltenen Informationen umzugehen.

3. Räumliche Intelligenz: die Fähigkeit, etwas unter Zuhilfenahme dreidimensionaler Objekte zu erschaffen.

4. Körperliche und Bewegungsintelligenz: sportliche oder handwerkliche Fähigkeiten

5. Intrapersonale Intelligenz: Diese Intelligenz wird oft als „emotionale Intelligenz" bezeichnet und beschreibt, wie jemand mit seinen Emotionen, seiner Gefühlswelt umgeht.

6. Interpersonale Intelligenz: die Fähigkeit, leicht mit anderen Menschen zurechtzukommen, die Fähigkeit, zu kommunizieren

7. Naturkundlich Intelligenz: Ein Genie im Umgang mit unserer Umwelt.[5]

Manche gehen davon aus, dass es über 30 Haupt-Intelligenztypen gibt. Der ausschlaggebende Punkt ist, dass jeder Mensch eine Art hat, auf die er am besten lernen kann. Menschen mit einem hohen Grad an sprachlicher Intelligenz lernen am einfachsten durch Lesen und Schreiben und traditionelle Formen der Bildung. Andere, die zur körperlichen und Bewegungsintelligenz tendieren, lernen mehr, wenn sie sich körperlich betätigen, also beispielsweise sportlich aktiv sind.

Liegt dein Schwerpunkt im Bereich der interpersonalen Intelligenz, lernst du möglicherweise mehr, wenn du jemand anders etwas vermittelst, also zum Beispiel einen Vortrag hältst. Wie du am besten lernst, hängt von der Art deiner Intelligenz ab.

Wir brauchen hier gar nicht tiefer in das Thema einzutauchen. Wichtig ist, dass wir *alle* eine einzigartige Intelligenz besitzen. Viele Aspekte dieser Intelligenz können mit einem traditionellen IQ-Test, der nur einige Intelligenztypen berührt, nicht gemessen werden. Selbst wenn du in der Schule schlecht warst, was vielleicht daran lag, dass deine Stärke nicht im Bereich der sprachlichen Intelligenz liegt, kannst du dennoch entdecken, dass du in anderen Bereichen hochintelligent bist.

Robert T. Kiyosaki ist ein Geschäftsmann und Millionär und Autor der englischen *Rich Dad*-Bestseller-Buchreihe. In seinen

Büchern berichtet er davon, wie schwer er sich in der Schule tat. Er fand die meisten Fächer langweilig und hatte Schwierigkeiten damit, mit den anderen Kindern mitzuhalten und sich die vorgeschriebenen Inhalte anzueignen. Es war ihm jedoch ein Leichtes, über die Welt der Finanzen zu lernen, und der wurde dabei vom Vater einer seiner Freunde unterstützt, der ein Geschäftsmann war.

Viel später fand er heraus, dass seine Probleme in der Schule nicht an den Fächern lagen, sondern daran, wie das Wissen vermittelt wurde. Seine Stärke lag nicht im Bereich der sprachlichen Intelligenz und folglich fiel es ihm schwer, von den üblichen Unterrichtsstunden zu profitieren. Mithilfe von Diagrammen und Bildern konnte er jedoch gut lernen. Der Vater seines Freundes benutzte beispielsweise oft Bilanzdiagramme, um ihm die Inhalte zu vermitteln, die er brauchen würde, um finanziell erfolgreich zu sein. Robert hatte auch keinerlei Lernschwierigkeiten, sobald er sich in einem Wettstreit befand; zum Beispiel beim Sport oder bei einem Gesellschaftsspiel. Er lernte interaktiv deutlich besser als aus Schulbüchern.

Jahre später nutzte er diese Stärken zu seinem Vorteil und erfand beispielsweise eine Reihe von Gesellschaftsspielen, die Tausenden von Kindern, Jugendlichen und Erwachsenen die Finanzverwaltung und unternehmerisches Denken näher brachten. Dadurch, dass er feststellte, auf welche Weise er am einfachsten lernen konnte, wurde er ein erfolgreicher Geschäftsmann und Lehrer. Er erkannte seine spezielle Intelligenz und nutzte sie.

Es liegt an jedem einzelnen von uns, anfangs mithilfe unsere Eltern und Lehrer, später mithilfe unserer Freunde, unsere Stärken zu entdecken und zu entwickeln. Sie sind uns von Gott gegeben worden und sind dazu bestimmt, unser Leben zu bereichern und das, was wir zur Welt beitragen, mit Erfolg zu krönen. Wir müssen uns die Bildung zu Nutze machen in den Bereichen, in denen wir am Besten lernen. Das macht Gott berühmt, da sein Wesen und sein Charakter geehrt werden, beides Aspekte, die durch unsere Fähigkeiten ausgedrückt werden.

Warum sollte ich glauben?

Christen sollten auch aus einem anderen Grund an Bildung interessiert sein. Die Welt benötigt fundierte Antworten. Es gibt Christen, die etwas zu sagen haben, und Christen, die immer etwas sagen. Wir sollten danach streben, in die erste Kategorie zu gehören. Mehr als jemals zuvor braucht die Welt Menschen, die für die Weisheit vergangener Zeiten und die unumstößliche Wahrheit einstehen und sie passend für unsere Zeit auf alltägliche Fragen anwenden. C.S. Lewis pflegte zu sagen, dass wir gute Philosophien benötigten, und wenn sie nur dazu dienten, die schlechten zu widerlegen. Wir brauchen Menschen voller Glauben, die positive, auf die Bibel gestützte Antworten auf Fragen bringen können, die unsere Gesellschaft und unseren Lebensstil betreffen.

Schau mal, das Evangelium Jesu Christi besteht aus mehr als nur ein oder zwei Texten des Neuen Testaments und es handelt sich auch nicht nur um eine geistliche Botschaft. Das Evangelium ist ein *Weltbild* – wir nehmen die Realität aus diesem Blickwinkel wahr, erklären die Welt aus diesem Blickwinkel und finden in ihm die Antwort auf die Fragen, warum wir hier sind und wo wir hingehen. Darüber hinaus ist das Evangelium die einzige Weltanschauung, die *passt* – es beschreibt die Dinge so, wie sie wirklich geschehen.

Das christliche Weltbild gründet sich auf vier große Konzepte: die Schöpfung, den Sündenfall, die Erlösung und die Wiederherstellung. Wir wurden im Ebenbild Gottes erschaffen.[6] Wir fielen aus der Gnade.[7] Gott schuf einen Weg, uns zurückzukaufen, und bezahlte die Todesstrafe für unsere Sünde.[8] Durch Christus können wir wieder die Gunst genießen, die Gott für uns vorgesehen hatte.[9]

Warum erreicht die Gemeinde nicht die Massen, die sie sich wünscht? Warum hören so viele Menschen unsere Botschaft und ziehen dann weiter, ohne uns eines zweiten Blickes zu würdigen? Oft liegt es daran, dass wir die Menschen nicht dort ansprechen, wo sie *bereit* sind, herausgefordert zu werden und für Veränderung am *empfänglichsten* sind – im Bereich der Vorstellungen.

Vorstellungen formen unser ganzes Leben. Wir leben alle gemäß unserer Weltanschauung, unserer Sicht für das, was wahr und wichtig ist.

Die meisten Menschen wissen nicht, was „postmodern" bedeutet, doch sie leben postmodern. Die Postmoderne fing als Bewegung in der Kunst und Architektur an, weitete sich auf die Philosophie aus und beeinflusst nun, Jahrzehnte später, die Gedanken und Taten von Millionen von Menschen. Die Moderne lehrte im Feld des Designs, dass Technik wichtiger sei als die Form. „Wen kümmert die Dekoration?", sagte man. „Was zählt, ist die Funktion." Der individuelle Stil war nicht wichtig. Man versuchte, jedes neue Design auf einige grundlegende Standards zu reduzieren.

Die Postmoderne war eine Gegenreaktion. Sie vertrat den Standpunkt, dass es im Leben um mehr geht, als nur die nötige Arbeit zu erledigen und einer Not zu begegnen. Es gehe auch um Schönheit und Erfahrungen. Die Auffassung, ein Stil könne für alle passen, wurde abgelehnt. Verschiedene Stile seien gleichwertig. Diese Denkweise wurde auf Moral und Ethik angewendet und die Menschen fingen an, sich zu sagen: „Moralisch gesehen gibt es kein ‚richtig' oder ‚falsch'. Alle *moralischen* Ansichten sind korrekt, alle *Lebensstile* sind zulässig."

Diese Denkweise wuchert wie wild in unserer Kultur. Die Menschen suchen nicht zuerst nach der Wahrheit. Sie suchen nach „Erfahrungen, die ihnen etwas bedeuten". Toleranz hieß immer: „Du kannst das tun, wenn du möchtest, aber es ist falsch." Heute heißt es: „Du kannst das tun, wenn du möchtest, denn *nichts* ist falsch." Die Postmoderne ist eine Weltanschauung, eine Art, die Realität zu betrachten, eine Grundlage für die Entscheidungen und das Verhalten der Menschen.

Sie ist eine Weltanschauung, die meilenweit von der der Bibel entfernt liegt. Dennoch tun viele christliche Leiter so, als müssten wir nur Johannes 3, 16 zitieren und die Menschen würden ihren Willen Christus unterordnen. Andere verhalten sich, als bräuchten die Menschen nur eine „Begegnung mit der Kraft Gottes", beispielsweise in einem Erweckungsgottesdienst. Viele, die etwas Derartiges erleben, stellen ihre Erfahrung neben die anderen

„positiven, mystischen Erfahrungen", die sie gemacht haben, zum Beispiel das Tarot-Karten-Legen oder den guten Sex von letzter Woche.

Solange wir der Welt im Bereich der Vorstellungen nicht frontal begegnen, werden wir Menschen bleiben, die sich in einen Bunker verkriechen und es nicht wagen, auf normale Menschen zuzugehen, da wir befürchten, auf ihre großen Fragen nicht antworten zu können. Und die postmodernen Heiden werden nur auf Christen treffen, die keinen Bezug zur Realität haben, die in ihrer Märchenwelt leben und mit bedeutungslosen Klischees und flachen Standardaussagen um sich werfen. Oder Christen, deren Lebensstil kaum von ihrem zu unterscheiden ist und die auch die gleichen Lebensziele verfolgen wie sie – Gesundheit, Glück und finanzielles Wohlergehen.

Es gibt keinen Grund, warum Christen sich vom Wörtchen „Vorstellung" einschüchtern oder überwältigen lassen sollten. Als Paulus in Apostelgeschichte 17 den Bürgern von Athen gegenüberstand, musste er sich nicht tiefsinniger Philosophie bedienen. Er zeigte ihnen einfach auf, dass ihre Beschreibung der Realität nicht mit der der Bibel mithalten konnte. Ihm war aufgefallen, dass ihr Bild von ihrer Welt und von sich selbst löchrig war – so löchrig, dass es ihnen aufgefallen war. Einiges ergab in ihrer Denkweise keinen Sinn, also errichteten sie einen Altar zu Gunsten „des unbekannten Gottes".

Paulus ging auf die Unstimmigkeiten ein, auf das, was sie nicht wussten, und vermittelte ihnen die Wahrheit, die ihnen gefehlt hatte. Paulus musste nicht auf anspruchsvolle Philosophie zurückgreifen, er erzählte ihnen einfach das Evangelium, und zwar von Anfang an, und er begann damit im Bereich der Vorstellungen. Einige der Zuhörer kamen an diesem Tag zum Glauben an Jesus.[10]

Wer weiß, welchen Einfluss diese Denker mit ihrem neu gefundenen Glauben ausgeübt haben? Wir können auch heutzutage das Gleiche tun und ähnliche Ergebnisse sehen. Ich meine, wer außer uns Christen erzählt den Menschen, dass sie nicht zufällig entstanden sind, sondern erschaffen worden sind, und das auch noch für einen großen Zweck?

Wer sonst verkündet, dass die Menschen nicht von Grund auf gut sind, sondern aus der Gnade gefallen sind – etwas, das die meisten Menschen intuitiv spüren?

Wer erzählt den Menschen, dass sie Erlösung und Gnade nicht mit Geld kaufen, im Sex oder über den Erfolg finden können? Und wer sonst ist in der Lage, zu sagen, dass es in dieser von der Sünde geschädigten Welt *doch noch Hoffnung gibt*, da Christus sowohl am Ende unserer Geschichte steht als auch am Anfang?

Schöpfung, Sündenfall, Erlösung und Wiederherstellung: eine Geschichte, die bei den heidnischen Athenern „funktionierte". Sie hat auch für mich immer wieder „funktioniert", als ich in Universitäten, Nachtclubs und anderen nicht religiösen Veranstaltungsorten zu Menschenmengen sprach. Mit Gottes Hilfe wird das auch für dich klappen. Nimm jede Gelegenheit war, den Menschen die *ganze* Geschichte zu erzählen. Die Weltanschauung des Evangeliums ist vollständig. Das und die Tatsache, dass sie *tatsächlich* die Realität beschreibt, macht Gott berühmt.

Beeinflusse oder lass dich beeinflussen!

Ein Autor bezeichnete Wissen als den „Horizont von morgen". Jemand anders sagte, dass die Zukunft denen gehöre, die sich auf sie vorbereiteten. Andere sagen, dass wir in einer Wissensgesellschaft leben, in der die Gebildeten die wahren Kapitalisten darstellen und Informationen die neue Währung sind. Wissen ist Geld – und Einfluss.

Das Wort „Einfluss" bezeichnet die Fähigkeit, Veränderung zu bewirken. Wir alle wurden geboren, Einfluss auszuüben! Du wurdest nicht geboren, übersehen zu werden. Deswegen tut es auch so weh, ignoriert zu werden. Als du zu Christus kamst, hast du die Kraft des Heiligen Geistes empfangen, sodass du radikale Veränderung in unserer Welt bewirken kannst. Du bist dazu berufen, den Status Quo nicht hinzunehmen und auf etwas Besseres hinzuweisen – das Reich Gottes. Du bist vorherbestimmt, Teil einer Gemeinde zu sein, die wie eine Stadt auf einem Berg ist. Sie kann nicht versteckt oder ignoriert werden.[11]

Die Schlacht zwischen dem Fleisch und dem Geist ist eine Schlacht um Einfluss. Der Kampf zwischen Licht und Finsternis ist ein Kampf um Einfluss. Der springende Punkt ist, dass wenn du deine Welt nicht beeinflusst, sie dich beeinflussen wird. Die meisten Menschen sind nicht zufällig in eine einflussreiche Position geraten. Es waren Entscheidungen, Vorbereitung und Voraussicht nötig. Möchtest du einflussreich sein? Möchtest du deine Umgebung in größerem Maß verändern, als sie dich verändert? Dann musst du jetzt anfangen, dich darauf vorzubereiten, langfristig Einfluss auszuüben.

Wenn Wissen die Währung unserer Zeit ist, wenn Technik und Informationen die Schlüssel sind, um unsere Welt zu verändern, dann sollten wir uns dementsprechend ausbilden. Beachte, was Paulus den Römern sagt:

> *Und seid nicht gleichförmig dieser Welt, sondern werdet verwandelt durch die Erneuerung des Sinnes, dass ihr prüfen mögt, was der Wille Gottes ist: das Gute und Wohlgefällige und Vollkommene.*
>
> Römer 12, 2

Er sagt nicht, dass wir verändert werden durch die *Entsorgung* unseres Sinnes. Unser Sinn muss in Zusammenarbeit mit dem Heiligen Geist *erneuert* werden. Das Wort, das hier gebraucht wird, bedeutet „renovieren" im Sinne einer Hausrenovierung. Der Heilige Geist möchte mir helfen, einige der alten, muffigen und dunklen Zimmer im Haus meines Sinnes einzureißen. Es handelt sich um Räume, die voller schmerzhafter Erinnerungen, Minderwertigkeitskomplexe und Ablehnung sind. Er möchte einige Wände einreißen, neue Fenster und Türen einbauen. Er möchte dunkle Bereiche mit Licht durchfluten und meinen Sinn für neue Aussichten und Horizonte öffnen.

Wenn es dem Heiligen Geist um das geht, was ich hier beschrieben habe, sollten Christen aufmerksamer sein und klarer denken als alle anderen Menschen.

Ich muss hier noch etwas anderes ansprechen. Was ich bis jetzt genannt habe, sollte schon ausreichen, uns zu motivieren, unseren Verstand zu schärfen, doch der *wichtigste* Grund besteht in

Lass uns Gott berühmt machen

Folgendem: Den Herrn mit unserem Verstand zu ehren, ist laut Jesus Teil des größten aller Gebote. Er sagte, dass wir Ihn mit unserem ganzen Herzen (Geist und Wille), mit unserer ganzen Seele (Gefühle und Emotionen), mit unserem ganzen Sinn (Intellekt und rationales Denken) und mit all unserer Kraft (Körper und körperliche Kraft) lieben sollen.[12] Egal, ob du nun die Universität besucht hast oder niemals eine schulische Ausbildung genießen durftest, ob du nun ein Zahlengenie bist oder deine sportlichen Leistungen haushoch überragen, egal auf welche Art du am besten lernst, du kannst deine geistigen Fähigkeiten aus Liebe zu Gott völlig ausreizen. Du kannst dich darauf vorbereiten, Einfluss auzuüben und Gott berühmt zu machen.

[1] Jeder der jüdischen Namen dieser Männer beinhaltete den Namen Gottes in der Form „El" oder „Jah". Daniel (Gott ist mein Richter) wurde zu Beltschazar (Wächter der versteckten Schätze Bels). Hananja (die Gnade des Herrn) wurde zu Schadrach (die Inspiration der Sonne). Die Chaldäer beteten die Sonne an. Mischael (der, der der starke Gott ist) wurde zu Meschach (der Göttin von Schach). Schach oder auch Venus war ein Gott der Babylonier. Asarja (der Herr ist Hilfe) wurde zu Abed-Nego (der Diener des leuchtenden Feuers). Die Chaldäer beteten das Feuer an.

[2] Bryan Appleyard, *Understanding the Present* (Picador, 1992, 93) Seite 58–59

[3] Siehe [2], Seite 122 und 139

[4] Siehe [2], Seite 228

[5] Weitere Informationen zu diesem Thema gibt es im Buch *Rich Kid Smart Kid* von Robert T. Kiyosaki (TechPress, 2001)

[6] 1. Mose 1, 26–27

[7] Römer 3, 23

[8] Galater 3, 14

[9] Römer 6, 23

[10] Apostelgeschichte 17, 22–34

[11] Matthäus 5, 14

[12] Markus 12, 30

4

Offenbarung Mensch

Ich spreche auf einer Veranstaltung in Nord-England.
Plötzlich klingelt es auf meinem Handy. Es ist mein Freund
Stuart Bell, ein anerkannter christlicher Leiter, der eine
beeindruckende Gemeinde in der Altstadt Lincolns sowie ein
Gemeindenetzwerk von verschiedenen Gemeinden im ganzen
Land leitet. Er möchte, dass ich so schnell wie möglich zu
ihm fahre.

„Warum diese Eile?", frage ich ihn.

„Eine Prophetin besucht gerade meine Gemeinde. Sie sagt,
dass sie eine persönliche Botschaft von Gott für dich hat. Ich
glaube, du solltest heute Abend dabei sein."

Ich bin sozusagen in der Gemeinde aufgewachsen und habe
diverse so genannte Propheten kommen und gehen sehen. Ich
habe also viele Möchtegernprophetien gehört, daher bin ich
eher vorsichtig. Aber ich vertraue Stuart, denn er ist auch
schon lange im Gemeindeleben involviert.

„Ich weiß, dass du nicht anrufen würdest, wenn du nicht
wüsstest, dass es wichtig ist. Aber entschuldige mich bitte, ich
muss heute Abend auf dieser Veranstaltung sprechen," antworte
ich ihm. „Außerdem würde es ein paar Stunden dauern, bis
ich bei dir wäre."

Stuart lässt nicht locker.

„Ich werde mit deinem Fahrer sprechen und ihm sagen, dass
ich dich gleich nach eurer Veranstaltung hier bei mir sehen
will. Das wird schon klappen – ich glaube wirklich, dass du
diese Frau treffen solltest. Sie kommt aus den USA und
obwohl sie dich noch nie gesehen oder von dir gehört hat,
warst du heute Morgen in ihren Gedanken, als sie aufwachte.
Sie beschrieb die Arbeit, die du tust, als kenne sie dich per-

sönlich. Und dann sagte sie mir, dass sie eine Botschaft von Gott für dich habe, die sie dir nur persönlich überbringen könne."

Mittlerweile bin ich zugegebenermaßen ziemlich neugierig. Deshalb mache ich mich auf die lange Reise nach Lincoln, obwohl ich nach meiner intensiven Predigt in der Veranstaltung eigentlich nur noch ins Bett will. Als wir nach einiger Zeit ziemlich erschöpft dort ankommen, betreten wir die Gemeinde durch den Hintereingang. Der Gottesdienst läuft noch.

Mein Freund ruft mich nach vorne und stellt mich der Frau vor. Sie fängt an, zu sprechen, und ich fühle mich, als hätte sie meine Post gelesen. Okay, ich habe im Rahmen meines Dienstes wahrscheinlich tausende Prophetien für Menschen gehabt. Aber wenn man auf der Empfängerseite steht, ist es dann doch seltsam anders, begeisternd und ernsthaft – alles auf einmal! Besonders, wenn jemand so spezifisch ist wie diese Dame.

Ich gehe später heim und weiß, dass Gott mich bezüglich unserer Arbeit in Europa sehr ermutigt hat. Und eines steht fest: Er hat mich motiviert, größere Wagnisse einzugehen und Ihn berühmt zu machen.

Ich möchte jetzt nicht im Detail wiedergeben, was diese Dame mir sagte, doch als ich den Ort an diesem Abend verließ, hatte ich eine Menge zum Nachdenken und vieles, für das ich Gott dankbar war. Ich wurde in einigen Punkten bestätigt und erfuhr einige wichtige Dinge, sowohl über meine derzeitige Situation als auch meine Zukunft und meinen Gott. Natürlich würde ich meine Entscheidungen nie allein auf eine Prophetie stützen, doch ich hätte diese spezifischen, persönlichen Informationen niemals aus einem Buch oder in einem Volkshochschulkurs erhalten. All die Bildung der Welt hätte mich niemals so ermutigen und inspirieren und mir derart genaue Einsichten geben können wie eine einzige *Offenbarung*.

Bildung ohne Offenbarung

Ganz gleich wie wichtig Bildung auch sein mag, wir sind nicht dazu bestimmt, einzig und allein durch Bildung zu erkennen, wer wir sind und wie wir in die Welt passen. Als Gott uns erschuf, wollte Er, dass wir auf unterschiedliche Arten lernen, auf mehreren Ebenen. Ja, Er legte in uns das Verlangen, die Natur um uns herum verstehen zu wollen. Er stattete uns mit der Fähigkeit aus, unsere Umwelt zu beobachten, logische Schlüsse zu ziehen, über unsere Beobachtungen nachzudenken und so das von uns Beobachtete zu erklären. Das lernen wir durch die verschiedenen Arten der Bildung, sei es die wissenschaftliche Arbeit oder das sportliche Training. Aber Gott schenkte uns etwas noch viel Kostbareres: die Fähigkeit, nach Erkenntnis zu streben, die unsere natürlichen Sinne übersteigt. Er befähigte uns, durch Offenbarung zu lernen, durch Glauben zu lernen.

Die Offenbarung ist der Bildung überlegen, da ihr *Ziel* dem der Bildung überlegen ist. Es geht darum, Gott kennen zu lernen. Wenn wir tatsächlich in Gottes Ebenbild erschaffen wurden und Er tatsächlich eine besondere Absicht mit unserem Leben verfolgt, dann ist es wichtiger als alles andere, herauszufinden, wie Er ist und was Er von uns möchte. Herbert Spencer, ein Agnostiker, sagte, dass Gott sich dem Menschen offenbaren müsse, damit er etwas über Ihn wissen könne. Das ist genau das, was Gott laut der Bibel getan hat. Er zeigt sich in seiner Schöpfung[1], in den Schriften[2] und, als Höhepunkt der Offenbarung, in seinem Sohn.[3]

Joan Osborne stellte in einem ihrer Lieder eine große Frage: „Was, wenn Gott einer von uns wäre (*What if God was One of Us?*)?" Gern würde ich Joan treffen und ihr sagen, dass ihre Frage bereits beantwortet wurde. Gott hat zu einer Zeit in unserer Geschichte menschliche Gestalt angenommen, so wie wir einen Mantel anziehen würden. Er kam in einer für uns nachvollziehbaren Gestalt. Er hörte, wie unser Herz nach einer Offenbarung verlangte, und sagte: „So bin ich."

In unserer Welt werden dennoch viele Menschen der Chance beraubt, Gott kennen zu lernen. Ihnen wird Bildung ohne Offenbarung geboten. So entsteht eine Gesellschaft, die auf Technik gegründet ist, der allerdings die Wahrheit fehlt.

Das Hauptkriterium, das eine neue Technologie erfüllen muss, um angenommen zu werden, ist, dass sie „funktioniert". Der technische Fortschritt basiert auf einem pragmatischen Ansatz, es muss etwas dabei herauskommen. Wir sind offen für die Technik, weil sie uns hilft, Alltägliches zu bewältigen. Ursprünglich entsprangen Technologien immer dem Bestreben, den Nöten der Menschen zu begegnen. Werkzeuge gab es, weil wir sie brauchten. Wir nahmen neue Technologien an, weil sie unser Leben deutlich verbesserten. Heutzutage gibt es jedoch viele neue Technologien *nur,* weil es *technisch möglich* ist, über sie zu verfügen. Mit anderen Worten rennt der technische Fortschritt oft voran, ohne dass wir entscheiden könnten, ob er hilfreich ist oder nicht.

Oft wird wenig darüber gesprochen, wohin die Technik uns im Allgemeinen bringt oder was bestimmte Technologien für die Menschheit an sich oder für unsere Umwelt bedeuten werden. Im Moment gibt es zum Beispiel wenige, die das Klonen von Menschen für eine gute Idee halten, doch nur wenige dieser Menschen sehen eine Zukunft, in der das nicht in bestimmtem Maße geschehen wird.

Der technische Fortschritt gedeiht im Pragmatismus, und das ist bis zu einem bestimmten Punkt in Ordnung. Normalerweise mögen wir es, wenn wir etwas erfinden, das uns hilft, Dinge besser, schneller und wirtschaftlicher zu machen. Doch kann sich der Pragmatismus gegen die Wahrheit stellen, wenn er der einzige Ansatz ist. Die Bibel drückt es folgendermaßen aus:

> *Da ist ein Weg, der einem Menschen gerade erscheint, aber zuletzt sind es Wege des Todes.*
>
> Sprüche 14, 12

Manchmal kann eine von Menschenhand gefundene Lösung für ein Problem den Anschein erwecken, sie funktioniere, doch letztendlich führt sie zu geistlichem und oft sogar sichtbarem Verfall. Einzig und allein die *Offenbarung* kann den objektiven Felsen stellen, auf dem wir gesunde Debatten über die moralischen

Aspekte solcher Technologien wie dem Klonen oder der Genforschung führen können.

Im Natürlichen besagt das Prinzip der Entropie, dass jedes natürliche System, dass ohne äußerliche Energiequellen sich selbst überlassen wird, dazu neigt, zu zerfallen. Wenn ich einen mit Wasser gefüllten Wasserkocher ans Stromnetz anschließe, wird das Wasser zum Kochen gebracht. Doch wenn ich den Strom abschalte, kühlt das Wasser schnell wieder ab. Die in ihm enthaltene Energie nimmt ab.

Auf geistlicher und moralischer Ebene sind wir nicht anders. Wenn wir nicht beständig Offenbarung empfangen und Wahrheit, die auf Gottes Charakter basiert, neigen wir dazu, auf den niedrigsten gemeinsamen Nenner zu sinken. Ohne Offenbarung begehen wir immer wieder die gleichen Fehler. Nur begehen wir diese Fehler mit der Zeit in immer größerem Maß, da wir dies mithilfe moderner Technik können. Die Offenbarung ist nicht gegen den technischen Fortschritt. Sie hilft uns vielmehr, die Technik im „grünen Bereich" zu halten. Sie hilft uns, sicherzustellen, dass die Technik unser Diener bleibt und niemals zu unserem Herrn wird.

Babylon überwinden –
mit der Wahrheit, die irgendwo „da draußen ist"

Daniel war bemerkenswert. Obwohl er so unterdrückt wurde, obwohl seine Identität in Frage gestellt und er unter Druck gesetzt wurde, sich anzupassen, hielt er sein Leben lang an seinem Glauben an Gott fest. Die äußerlichen Widerstände änderten nichts an seiner Hingabe an Gott.

Manche Christen sind optimistisch, solange es ihre Umstände zulassen. Wenn die Dinge aber nicht mehr so laufen, wie sie sollten, oder Menschen sich nicht so verhalten, wie sie es gerne hätten, und Sachen geschehen, die nicht ihren Erwartungen entsprechen, fangen sie an, mit dem Schlamm der Kritik und Beschuldigungen um sich zu werfen. Sie beginnen, Gott anzuzweifeln und andere zu beschuldigen, statt fest im Glauben zu stehen, wie die Bibel es sagt.[4]

Daniel *überlebte* Babylon nicht nur, er *überwand* sogar Babylons Einfluss. Er erlebte fünf Könige der Stadt – und stellte sie mit seinem Leben, das sowohl moralisch als auch anderweitig *hervorstach*, in den Schatten. Die meisten Menschen hätten nie etwas von Königen wie Nebukadnezar gehört, hätten sie nicht eine Verbindung zu Daniel gehabt. Er wurde als Jugendlicher entführt und als Sklave verkauft. Aber wie ein anderer Sklavenjunge namens Patricius, den wir St. Patrick nennen, ließ sich auch Daniel von den schrecklichen Umständen nicht unterdrücken und brachte an einem Wendepunkt in der Geschichte eine einzigartige Botschaft von Gott. Wie Patricius, dessen Einfluss die westliche Zivilisation von den zerstörerischen Barbaren rettete, erhob Daniel den Namen Gottes. Und damit schaffte er sich einen Platz in der Geschichte, den ihm niemand streitig machen kann. Wie erreichte Daniel dieses Maß an Einfluss? Was war sein Geheimnis?

Mehr als alles andere ist Daniel als ein Mann der Offenbarung bekannt. Er besaß eine außergewöhnliche Fähigkeit, von Gott zu hören. Er konnte die geheimen Träume von Königen deuten und in Visionen die Zukunft vorhersehen. Deswegen war er in Babylon von Anfang an etwas Besonderes.[5] Deswegen wurde das Herz der heidnischen Herrscher bewegt.[6] Deswegen verschwand Daniel nicht von der Bildfläche, er überdauerte seine Feinde.[7] Und mehr als alles andere fand er Gunst bei Gott, weil er einen solchen Hunger nach Offenbarung hatte.[8]

Daniels Prophetie über den Untergang Babylons war wohl der bezeichnendste Moment in seinem Leben. Oft werden Prophetien gegeben und bleiben viele Jahre, manchmal Generationen unerfüllt. Hier jedoch wurden Daniels Worte über Nacht wahr.[9]

Die Feier des Königs Belsazar – *Orgie* wäre wohl ein passender Ausdruck – war in vollem Gange. Die Gäste tanzten zur Musik – was auch immer damals grad „in" war. Drogen waren frei zugänglich und der Alkohol floss nur so. Plötzlich, sehr zur Bestürzung der erlauchten Gäste, erschien eine riesige Hand und begann, auf die Wand der Banquetthalle zu schreiben. Das Ganze war wirklich schaurig, da die Hand mit nichts verbunden war! Es gab keinen Arm und keinen Körper.

Als der unsichtbare Täter mit seinem Graffiti fertig war, standen vier Worte auf der Wand, wie in Laserdruck. Belsazar und seine Freunde konnten die Worte lesen, das war nicht schwer. Es stand dort: *mene* (oder *mina*, ein kleiner Geldbetrag oder eine kleine Geldeinheit), *tekel* (ein anderes Wort für *shekel*, eine Gewichtseinheit) und *parson* (ein halber Shekel oder ein halbes Mina). Das erste Wort stand zur Betonung zweimal dort.[10]

Die Partygäste konnten diese Worte in keinen Zusammenhang stellen. Die Botschaft ergab keinen Sinn. Alle waren in großer Aufregung bis einer der Versammelten sich daran erinnerte, von einem Mann gehört zu haben, der Geheimnisse verstehen und Visionen entschlüsseln könne. Obwohl Daniel nicht mehr zum inneren Kreis des Königshofes gehörte, wurde er aus dem Ruhestand zurückversetzt.

Daniel war der Einzige, der die Schrift an der Wand deuten konnte. Nur er konnte diese Worte, die in keinem Zusammenhang zu stehen schienen, zu einer zusammenhängenden Botschaft Gottes an diese Generation werden lassen:

> *Dies ist die Deutung des Wortes: Mene – Gott hat dein Königtum gezählt und macht ihm ein Ende. Tekel – du bist auf der Waage gewogen und zu leicht befunden worden. Peres – dein Königreich wird zerteilt und den Medern und Persern gegeben.*
>
> Daniel 5, 26–28

Auch in unserer Zeit wissen die Menschen, dass unsere Tage „gezählt" sind. Wo sie auch hinsehen, sehen sie Warnzeichen, die vor Gefahren warnen, die vor uns liegen. Wenn man Studenten fragt: „Was bereitet dir am meisten Sorge?", bekommt man Antworten wie: „Umweltkatastrophen", „Treibhauseffekt", „Atomare Zerstörung", „Ozonloch", „ethnische Unruhe", „Gewalt" und so weiter. Diese Worte sind wie die, die an der Wand im Palast des Königs Balsazar standen.

Jeder erkennt die einzelnen Probleme, doch wenige sehen das gesamte Bild und die Zusammenhänge. Und noch weniger Menschen sehen, wie *Gott* in das Ganze passt oder wo wir uns in seinem Zeitplan befinden, was Er von uns in dieser Zeit möchte. A. W. Tozer ließ uns diese aufschlussreichen Aussagen:

Ein Prophet sei jemand, der die Zeit erkenne und wisse, was Gott zu den Menschen dieser Zeit sagen möchte. In unserer Zeit benötigten wir prophetische Prediger; nicht Prediger der Prophetien sondern Prediger mit der Gabe der Prophetie. Wir bräuchten nicht die Fähigkeit, etwas vorherzusagen, sondern das gesalbte Auge, die Kraft geistlichen Durchbruchs und geistlicher Interpretation, die Fähigkeit, die Glaubensgemeinschaft aus Gottes Perspektive einzuschätzen und uns mitzuteilen, wie es um sie steht.

Heutzutage würde prophetische Einsicht dringend gebraucht. Gelehrte könnten die Vergangenheit deuten; doch benötige man Propheten, um die Gegenwart zu deuten. Das Lernen befähige einen Menschen, unsere Vergangenheit zu beurteilen; doch benötige man eine klare Sichtweise, um das Jetzt beurteilen zu können. In hundert Jahren würden die Geschichtsforscher wissen, was sich in diesem Jahr des Herrn im Christentum ereignet hätte. Doch dann sei es für uns zu spät. Wir müssten es jetzt wissen.[11]

In gewisser Weise ist jeder Christ prophetisch begabt und ein Prediger. Die Rolle der prophetischen Stimme wird in Gottes Wort an Jeremia zusammengefasst:

Der Herr streckte seine Hand aus und rührte meinen Mund an, und der Herr sprach zu mir: Siehe, ich lege meine Worte in deinen Mund. Siehe, ich bestelle dich an diesem Tag über die Nationen und über die Königreiche, um auszureißen und niederzureißen, zugrunde zu richten und abzubrechen, um zu bauen und zu pflanzen.
Jeremia 1, 9–10

Ein wahrhaft prophetisches Leben stellt sich gegen den Status Quo und zeigt den Weg zu etwas Höherem, etwas Besserem. Eine Generation, ein Volk oder ein Land wird aufgerufen, sich dem Plan Gottes unterzuordnen, und es wird aufgezeigt, wie dieser Plan aussehen kann.

Die Generationen, denen wir dienen, brauchen Menschen wie Daniel, die fähig sind, die Zeichen der Zeit zu deuten, die geführt vom Heiligen Geist zwischen den Zeilen lesen können. Wir warten auf prophetische Stimmen, die in diesem Zeitalter verkünden: "So spricht der Herr ..." Wir brauchen dringend Vorausdenker, die offenbarte Vision mit offenbarten Strategien verbinden können und somit wahre Veränderung in unserer Welt bewirken.

Hi-Tech – Hi-Not

Drei Generationen machen den Hauptteil der westlichen Gesellschaft aus: Die so genannten „Baby-Boomer" (zwischen 40 und 60 Jahre alt), „Generation X" (zwischen Anfang 20 und Ende 30) und die „Generation Y", auch „Millenniumsgeneration" genannt (Teenager und jünger). Jede dieser Generationen ist einzigartig und hat ganz besondere Nöte. (Ich werde in einem weiteren Buch in dieser Serie genauer darauf eingehen.) Doch haben sie alle eines gemeinsam: Sie alle hungern nach Offenbarung – auch wenn sie es oft nicht wissen.

Zweifellos hat uns die moderne Technik reich beschenkt. Schon früh ermöglichte es uns die Industrialisierung, mehr zu produzieren. Um 1800 konnte ein Bauer ungefähr vier Menschen mit Nahrung versorgen. Mithilfe von Maschinen und Dünger kann ein Bauer heutzutage um die hundert Menschen ernähren. Die Industrialisierung schenkte uns mehr Freizeit und ermöglichte vielen von uns einen höheren Lebensstandard.

Um 1800 arbeitete man 12–16 Stunden am Tag und hatte keinen bezahlten Urlaub. Die Informationstechnologie hat vielen alltäglichen Aufgaben und Erlebnissen eine ganz neue Dimension geschenkt. Das Radio brauchte 38 Jahre, fünfzig Millionen Zuhörer zu werben.

In 13 Jahren erreichte das Fernsehen die gleiche Zahl an Zuschauern. Das allgegenwärtige Internet erreichte die ersten fünfzig Millionen Benutzer in vier Jahren. Das Internet allein verändert unsere Art, zu kaufen und zu verkaufen, und sogar unsere Art, Beziehungen zu bauen, drastisch. Wir durften bereits erstaunliche Dinge erleben und das, obwohl sich die Informationstechnologie noch in den Kinderschuhen befindet.

Der technische Fortschritt brachte leider, wie wir alle wissen, auch unerwünschte Nebeneffekte mit sich. Zum Beispiel die Umweltverschmutzung und den Abbau der natürlichen Rohstoffe. Fossile Brennstoffe werden in einem rasanten Tempo verbraucht und Autobahnen, Fabriken und Müllhalden verunstalten die Natur. Dank moderner Technik konnten viele Bereiche der Wirtschaft expandieren und somit neue Arbeitsplätze schaffen. Doch zur selben Zeit übernahmen Maschinen viele Aufgaben, die zuvor von Menschen verrichtet wurden, der Schwerpunkt wurde von körperlicher Arbeit auf geistige Arbeit verlagert.

Eines der stärksten Ergebnisse des technischen Aufschwungs ist möglicherweise das wachsende Gefühl, entfremdet zu sein. Einige Psychologen und Soziologen sprechen von einem neuen Phänomen, einer „technologischen Entfremdung". Das Wort *Entfremdung* beschreibt ein Gefühl der Ohnmacht und des Fremdgewordenseins. Wenn uns manchmal die schnellen Veränderungen um uns herum überwältigen, wenn wir erleben, was Alvin Toffler einen „Zukunftsschock" nannte, werden wir leicht apatisch, geben auf und fühlen uns von unseren Mitmenschen getrennt. Angesichts der vielen Wahlmöglichkeiten, die sich uns bieten, könnten wir sagen: „Ich kann sowieso nichts ändern, warum sollte ich mich überhaupt für irgendwas engagieren? Warum eine Leidenschaft für etwas entwickeln?"

Manchmal trägt die Tatsache, dass wir uns mehr und mehr auf die Technik verlassen, dazu bei, die Entfremdung unter Menschengruppen zu fördern. Der Vorsprung, den eine Gruppe vor der anderen hat, wird verstärkt. In Europa und Nordamerika nutzen regelmäßig weit über 100 Millionen Menschen das Internet. In Afrika jedoch haben nur wenige Millionen Menschen Zugang zu dieser Technologie. In Amerika spart man vielleicht einen Monat, um sich einen neuen PC kaufen zu können. In Bangladesch braucht man dafür acht Jahre. Selbst *innerhalb* der Industrieländer gibt es viele unsichtbare „Technik-Gettos" – ganze Gemeinschaften kommen niemals in den Genuss, die Vorzüge der Informationsexplosion zu erleben, weil ihnen die Technologie nicht zugänglich ist. Wenn Wissen und Informationen die Währung des neuen Zeitalters sind und du keinen Zugang dazu hast, wirst du es niemals schaffen, dich aus dem Kreislauf der Armut herauszureißen. Das kann auch zu Rassenproblemen führen, weil die, die etwas haben, und die, die es nicht haben, vielerorts nach Rassen getrennt werden können.

Die Technik kann Menschen auch von gesellschaftlichen Strukturen entfremden. Viele Menschen haben das Gefühl, von ihrer Regierung und den öffentlichen Einrichtungen – ganz zu schweigen von den großen Konzernen – ausgegrenzt zu werden, und stehen ihnen zynisch gegenüber. Die Technik hat zu diesem Misstrauen beigetragen, besonders, wenn es um Eingriffe in die Privatsphäre geht, was viele Menschen für die gefährlichste Folgeerscheinung unseres modernen Zeitalters halten.

Wenn wir an Eingriffe in die Privatsphäre denken, sehen einige böse Bilder mit angezapften Telefonen oder versteckten Überwachungskameras vor ihrem geistigen Auge, oder Fernsehkameras á la *Big Brother*. Aber die wahre Bedrohung für unsere Privatsphäre ist viel banaler und im wahrsten Sinne des Wortes naheliegender. Jeden Tag kaufen und verkaufen wir und tun das so, dass unsere Geldbewegungen elektronisch aufgezeichnet werden. Diese Informationen werden unter Firmen und Institutionen ausgetauscht, bis wir am Ende nicht mehr nachvollziehen können, *wer* denn *was* über uns weiß. Große Firmen heuern andere Firmen an, Informationen über die Kaufgewohnheiten einzelner Kunden zu sammeln. Firmen überwachen ihre eigenen Mitarbeiter auf elektronischem Wege, überwachen ihre Telefongespräche, ihre E-Mail-Kommunikation und die Zeit, die sie im Internet verbringen. Aus „Big Brother", dem „großen Bruder", ist der „große Chef" geworden.

Regierungen und öffentliche Einrichtungen dringen immer mehr in die Privatsphäre ein. Der Geheimdienst ist in letzter Zeit enorm gewachsen, und das nicht etwa weil die Bevölkerung gewachsen wäre, sondern wegen der Menge der Daten, die gesammelt und analysiert werden. Ihre Gründe können dabei ganz legitim sein, zum Beispiel um im Gesundheitssektor bessere Dienste anzubieten oder die Kriminalität besser bekämpfen zu können. In den größeren Ländern im Westen erstellt die Polizei DNA-Datenbanken mit den Daten überführter Krimineller. Das ist vielleicht in mancher Hinsicht eine gute Idee, doch bezahlen wir dafür einen Preis. Es wird unausweichlich dazu führen, dass die Regierung unseren Alltag mehr und mehr überwacht.

Auch in unserem täglichen Leben können wir das sehen. Unsere PCs, WAP fähigen Telefone und PDAs senden einen eingebauten ID-Code, sobald wir uns ins Internet einloggen. Unternehmen können darüber unsere Interessen nachverfolgen. Wenn wir unser Handy einschalten, können Telefongesellschaften ziemlich gut herausfinden, wo wir uns gerade befinden. Die Wissenschaft der Biometrik macht es möglich, anhand seiner Stimme, seiner Augen oder fast jedem beliebigen Körperteil identifiziert zu werden. Eines Tages könnten der Führerschein, der Personalausweis und Kreditkarten überflüssig sein und durch Körper-Scanner ersetzt werden.

Einige Verbraucherschutz- und Bürgerrechtsgruppen warnen uns bereits, dass wir, wenn wir nicht aufpassen, in zwanzig Jahren keine Privatsphäre mehr haben, die wir schützen könnten.

Jenseits der Akte X ...

In mancher Hinsicht findet eine noch gefährlichere Entfremdung als die eben genannte statt. Wir entfremden uns unserer selbst. Wir sehen in vielen Bereichen eine Schlacht zwischen unserer Technik und unserer Menschlichkeit. Es ist ein Tauziehen zwischen dem, was wir mit unserem Gewissen vereinbaren können, und dem, was die moderne Wissenschaft uns ermöglicht.

Jacques Ellul war Professor an der Universität von Bordeaux. Er schrieb vierzig Bücher und hunderte von Artikeln. Die meisten handeln von der von ihm bezeichneten Bedrohung des Glaubens und der Freiheit der Menschen durch die moderne Technik. Er sprach von der Tyrannei der Technologie über die Menschheit.

Ellul sagte, die Technik habe den Platz des Christentums als das Heiligste unserer westlichen Zivilisation eingenommen. Der christliche Glaube hat die Menschheit erhoben und den Weg bereitet für die reichsten und zivilisiertesten Gesellschaften aller Zeiten. Es gab eine Zeit, da konnten wir nicht ohne Gott leben; heute können wir nicht ohne technischen „Schnickschnack" leben.

Wir haben der Technik Zutritt zu unserer Arbeitswelt gewährt, sie anschließend in unsere Häuser gelassen und öffnen nun sogar unseren Körper. Nicht mehr lange und Ärzte werden kleine Roboter in unsere Adern einspritzen und uns so heilen. Viele Menschen gehen davon aus, dass die Technik relativ bald unseren wichtigsten Nöten begegnen kann. Aber kann sie das wirklich?

Was war es noch, das die Serie *Akte X* uns beibrachte? „Die Wahrheit ist irgendwo da draußen." Das Herz der Menschen wird davon berührt – vom Gedanken, dass es eine Wahrheit gibt, die der Wissenschaft verborgen und unseren Sinnen überlegen ist. Besonders die jüngere Generation geht nicht mehr von dem aus, was ihre Großeltern teils für selbstverständlich hielten. Nämlich, dass die Realität in ihrer Fülle, zumindest eines Tages, von der Wissenschaft verstanden und gemessen werden kann. Sie wissen, dass es im wahren Leben mehr gibt, als man sieht.

Kurt Cobain von der ruhmreichen Band *Nirvana* wurde von vielen als Rocklegende bezeichnet. Er sagte mal: „Ich muss Drogen nehmen, um den Schmerz zu betäuben." Im Materiellen hatte er mehr, als er jemals hätte brauchen können; seine Seele verlangte jedoch nach mehr. Kurz nachdem er diese Aussage gemacht hatte, am Höhepunkt seiner Karriere, als er mehr Geld verdiente als jemals zuvor und kreativer war als jemals zuvor, nahm er sich das Leben.

Wissenschaft und Technik können uns intelligente Smart-Cards, intelligente Häuser und sogar intelligente Autos bieten, bald sogar digitalisierte Straßen. Der Kapitalismus und eine am Verbraucher orientierte Wirtschaft können materiellen Wohlstand erreichen und einen Lebensstil nach dem Prinzip des Angebots und der Nachfrage ermöglichen, doch all das kann den Hunger nicht stillen, der tief in jedem von uns vorhanden ist – der Hunger nach dem Übernatürlichen.

Die Matrix hat dich, Neo …

Der Held des Films *Matrix* ist ein Typ namens Neo. Wenn man nicht genau hinsieht, scheint Neo einfach einer von vielen zu sein, ein Angestellter, der seine Tage mit der Routine eines langweiligen

Jobs verbringt. Abends jedoch begibt er sich in eine andere Welt. Er schaltet seinen Computer an und sucht stundenlang etwas – er ist sich nicht sicher, was er sucht, doch er weiß, dass es wichtig ist. Neo wird von dem nagenden Gefühl getrieben, dass da draußen, in der Welt, in der er lebt, etwas falsch läuft, dass es ein Leben gibt, das vor ihm verborgen wird. Er hat von einer „Matrix" gehört, einem Computerprogramm, das das Leben der Menschen bestimmt, von dem jedoch die meisten Menschen keine Ahnung haben. Im Film geht es um Neos Bestreben, aus der Matrix auszubrechen und wahres Leben zu finden.

Ich begegne tausenden von Neos auf der ganzen Welt. Menschen, die spüren, dass etwas in ihrem Leben fehlt. Etwas ganz tief in ihrem Inneren sagt ihnen, dass sie unter einem offenen Himmel leben und sich gesegnet fühlen sollten. Ihr Leben scheint jedoch eher verflucht als gesegnet zu sein. Sie verbringen ihre Mittwochabende damit, auf die *Lotto-Ziehung* im Fernsehen zu warten, hoffen, dass ihre Glückszahl gezogen wird. Sie hoffen auf einen überraschenden Gewinn, der ihre Lebensqualität plötzlich dramatisch verbessert. Sie wissen intuitiv, dass es irgendwo da draußen ein besseres Leben gibt.

Ob wir es zugeben wollen oder nicht, der zügellose Materialismus und die Genusssucht unserer Zeit werden unsere tiefsten Verlangen nicht zufrieden stellen. Sie können es auch nicht, denn unser Verlangen ist geistlicher Natur. Salomon, der das Buch der Prediger schrieb, sagte uns, warum:

> *… auch hat er [Gott] die Ewigkeit in ihr Herz gelegt.*
> Prediger 3, 11

Unser Hunger nach geistlichem Sinn und geistlicher Realität spiegelt sich wiederholt in unserer Musik wider. Von Osbornes *What if God was One of Us?* (Was, wenn Gott einer von uns wäre?) bis zu Cliff Richards *Millennium Prayer*.

Unsere Filme beschäftigen sich mit dem gleichen Thema. George Lucas wurde gefragt, warum er eine zweite „Star Wars"-Trilogie drehen wolle. Berichten zufolge sagte er: „Damit Menschen über Gott nachdenken." In den ersten Filmen werden biblische Themen wie Sünde, Errettung und Gericht in einer Science-Fiction-Aufmachung bearbeitet. Im ersten neuen Film gibt es sogar eine

George-Lukas-Version der unbefleckten Empfängnis. Und wieder dreht es sich thematisch um die Erlösung von der Tyrannei des Bösen und das Kommen eines lang ersehnten und erwarteten, prophetisch vorhergesehenen Erlösers.

Im Trailer des Zeichentrickfilms *Der Prinz von Ägypten* laden uns die Produzenten ein – fordern uns heraus –, an Wunder zu glauben. Das klassische Science-Fiction-Märchen *ET* handelt von einem Wesen, das von oben herab kam. Es war unschuldig, nett und Kinder liebten es. Es besaß Kräfte, die weit über den Fähigkeiten eines Menschen lagen. Es konnte Wunden mit einer Berührung heilen. Und es wurde von den Toten auferweckt. Jedem, der die Evangelien gelesen hat, kommt das sehr bekannt vor.

Wie du dir denken kannst, kann dieser Hunger nach geistlicher Realität auch am Wachstum der Weltreligionen gemessen werden. Viele Juden kehren beispielsweise zu einer wörtlichen Auslegung der Schriften zurück und glauben, dass ihr Messias bald erscheint. Schaut man sich die Moslems an, so gibt es allein in den USA mittlerweile drei Millionen. Das sind mehr als alle Mitglieder der Episkopalkirche. Doch keine der bedeutenden Glaubensgemeinschaften kann mit dem weltweiten Wachstum der christlichen Gemeinde mithalten. Zahlen zeigen klar auf, dass sich beispielsweise der charismatische Teil der Gemeinde in den letzten zwanzig Jahren weltweit verdreifacht hat.

Die Menschen hungern nach geistlicher Realität und sie zeigen es mehr denn je ohne Scheu. Der Schreiber des fünften Buches Mose beschrieb, was wir alle intuitiv spüren:

> ... der Mensch nicht von Brot allein lebt. Sondern von allem, was aus dem Mund des Herrn hervorgeht, lebt der Mensch.

5. Mose 8, 3

Menschen wurden nicht erschaffen, einzig und allein von materiellen Dingen zu leben. Wir ernähren den Körper mit natürlichen Lebensmitteln und die Seele mit irdischen Reizen. Doch wurden wir erschaffen, uns auch auf tieferer Ebene zu ernähren, auf der Ebene des Geistes. Die Nahrung, die wir für den Geist benötigen, ist die Offenbarung.

Lass uns Gott berühmt machen

Eines Tages kamen Jesu Jünger zu Ihm, sie waren besorgt, denn Er hatte schon längere Zeit nichts gegessen. Er erzählte ihnen etwas von einer Nahrungsquelle, von der sie nichts wüssten. Die Jünger hatten keinen blassen Schimmer, wo dieser geheime Vorrat sein solle. Also sagte Er ihnen, wovon Er sprach:

Jesus spricht zu ihnen: Meine Speise ist, dass ich den Willen dessen tue, der mich gesandt hat, und sein Werk vollbringe.

Johannes 4, 34

Jesus ernährte seinen Geist regelmäßig von Offenbarungen. Wir verarbeiten natürliche Nahrung dadurch, dass wir sie verdauen. Wir verarbeiten geistliche Nahrung, Offenbarung, dadurch, dass wir ihr gehorchen.

Manchmal frage ich mich, ob Kurt Cobain jemals die Worte im vierten Buch Mose 8, 3 gelesen hat. Aus eigener Erfahrung wusste er, dass der erste Abschnitt des Verses wahr ist. Materielle Dinge allein können das Verlangen der Seele nicht befriedigen. Leider starb er, ohne den zweiten Abschnitt des Verses zu erleben – die Zufriedenheit, die man erfährt, wenn man beständig aus der Offenbarung lebt.

Fotografien von Gott

In den späten Vierzigerjahren trafen sich einige Science-Fiction-Autoren, um zu überlegen, wie eine moderne Religion aussehen könne. Nach dem Treffen gingen die meisten nach Hause und vergaßen die ganze Sache wahrscheinlich. Einer von ihnen jedoch unternahm etwas mit dem, was er gehört hatte.

L. Ron Hubbard gründete die Scientology-Kirche mit ihrer merkwürdigen Mischung von Psychotherapie und der Lehre von außerirdischen Wesen. Die Scientology-Kirche lehrt, dass der menschliche Körper von einem unsterblichen Geist namens „Thetan" bewohnt wird. Angeblich werden Thetane ständig von fliegenden Untertassen auf die Erde geworfen, die gerade aus den Schlachten der „Galaktischen Föderation" kommen.

Scientology, mit der „Dianetik" und geübter und leidenschaftlicher – viele sagen rücksichtsloser – Leiterschaft, ist eine kraftvolle Mischung aus Religion und reinen Science-Fiction-Mythen.

Doch trotz der merkwürdigen Ansichten und dem fragwürdigen pseudowissenschaftlichen Programm zur eigenen Weiterentwicklung zieht die Scientology ständig Menschen aus der Mittelschicht sowie aus den oberen Rängen des Films an. Warum lassen sich intelligente Menschen von den Ideen des Herrn Hubbard und seinen Anhängern anlocken? Ich könnte hier einige Gründe anführen, doch einer ist für Christen besonders relevant. Oft werden Menschen von dieser und ähnlichen Lehren angezogen, weil sie ein spirituelles Erlebnis suchen und keine Dogmen. Sie wollen glauben, dass es etwas Übernatürliches gibt, das ihnen hilft, ihr volles Potenzial auszuschöpfen.

Wenn ich dir ein Foto von meiner Frau und meiner Familie zeigen würde, würdest du vielleicht sagen: „Das ist aber eine großartige Familie!" (Jedenfalls hoffe ich, dass du so etwas denken würdest.) Aber du könntest meine Familie nie über ein Foto kennen lernen. Ein Foto stellt die Wirklichkeit nur zweidimensional dar. Es ist ein Bild der Vergangenheit. Wenn du meine Familie kennen lernen wolltest, bräuchtest du eine wahre Begegnung, hier und jetzt, dreidimensional und echt. Du müsstest echten Menschen begegnen.

Lange Zeit hat ein Teil der Gemeinde den Menschen von Gott nichts weiter als Fotos gezeigt. Sie haben ihnen nur eine zweidimensionale Darstellung Gottes geboten, die aus ihrer spezifischen Tradition oder aus besonderen Ritualen bestand. Den Menschen wurden Bilder gezeigt, ihnen wurde vermittelt, wie Gott anno dazumal ausgesehen hat; damals, zu den „Hoch-Zeiten" der jeweiligen Denomination oder des Dienstes.

Menschen auf der ganzen Welt sehnen sich so sehr danach, *das Wahre* zu erleben, dass sie quasi vor Verlangen schreien! Sie wollen sehen, wie Gott *jetzt* ist – was Er in *ihrer* Situation tun würde; wie es aussähe, wäre Er „einer von uns". Wie werden wir zu den „Daniels" unserer Zeit? Wie können wir fürs *Jetzt*, für ganz aktuelle Situationen, Offenbarung bekommen, Manifestationen der Kraft und der Weisheit Gottes?

[1] Römer 1, 20

[2] 2. Timotheus 3, 16

[3] Kolosser 1, 15

[4] Epheser 6, 13

[5] Daniel 2, 28, 47

[6] Daniel 4, 1–3, 8–9

[7] Daniel 5, 28–29, 6, 1

[8] Daniel 10, 12

[9] Daniel 5, 29–30

[10] Daniel 5, 25–28

[11] Winkie Pratney, *Fire on the Horizon* (Renew Books, 1999) S. 54 [Auf Deutsch bei Asaph erschienen: *Feuer am Horizont*].

5

Das Unsichtbare sehen

Es ist der 14. April 2000. Ein neugeborenes Baby namens Gabriel liegt schlafend in einem Krankenhaus in Norwegen. Er wiegt weniger als drei Kilo, scheint aber stark und gesund zu sein. Seine Eltern sind überglücklich.

Dann, fünf Tage nach seiner Geburt werden den Eltern beunruhigende Nachrichten überbracht. Während der Geburt oder davor erlitt Gabriel einen Schlaganfall, Blut war im Gehirn ausgelaufen. Deswegen begann Gabriel, auf der rechten Seite seines Körpers epileptische Krämpfe zu bekommen.

Die Eltern des kleinen Gabriel sind Missionare. Sein Vater, Joshua Blessitt, verbringt viel Zeit damit, ein Kreuz durch Norwegen und andere Teile der Welt zu tragen, und verkündet den Menschen auf der Straße die Liebe Jesu. Das ist ihr erstes Kind und daher sind sie besonders beunruhigt.

Die Ärzte teilen ihnen mit, dass ihr Sohn schwer wiegende Hirnschäden davontragen würde. Es würde Jahre dauern, bis er soweit genesen sei, dass er auch die rechte Seite seines Körpers benutzen könne. Er würde Schwierigkeiten haben, grundlegende Fähigkeiten wie Essen, Sprechen, Augenkontakt und so weiter zu erwerben. Die Ärzte sprechen ganz offen und ehrlich mit den Eltern und teilen ihnen ihre Sicht der Dinge, die von ihnen wahrgenommene Wahrheit mit.

Joshua ist am Boden zerstört. Er versucht, stark zu sein, doch der Schmerz und die Schwere zehren an seinem Herzen. Er hat keine Antworten und keine Kraft, geht nach draußen und weint. In tiefer Verzweiflung fragt er Gott, warum das alles geschehen sei und was sie jetzt tun könnten.

Lass uns Gott berühmt machen

Kurze Zeit später hört er eine feste, leise Stimme, die tief in seiner Seele spricht: „Wem glaubst du?" Ohne zu zögern, antwortet er überzeugt: „Wir glauben dem Herrn!"

Joshua erzählte mir später, wie er an dem Abend nach Hause kam und seinen Hauskreis bat, für seinen Sohn zu beten. Um 22.00 Uhr kehrte er ins Krankenhaus zurück und sah seine Frau vor Freude strahlen. Sie sagte, dass sie die letzte Stunde gebetet habe und das Gefühl gehabt habe, Feuer fließe durch ihre Arme.

Gott hatte ihr gesagt, sie solle eine Hand auf Gabriels Brust und eine auf Gabriels Kopf legen. Eine Stunde lang erlebte sie, wie die Heilungskraft Gottes durch sie in ihren kleinen Jungen hineinströmte. Es war so intensiv, dass es sich anfühlte, als ob sich seine Schädelknochen unter ihrer Hand bewegten. Von dieser Stunde an strahlte sie und war voller Zuversicht, dass Gott ihren Gabriel geheilt hatte.

Ein Jahr später schrieb Joshua folgende Worte: „Gott hat Gabriel geheilt und er ist nun schon über ein Jahr alt. Die Ärzte versuchten, irgendwelche Probleme zu finden, doch seit diesem einen Abend hatte er nicht einen Krampf und es wurde kein Zeichen eines Gehirnschadens bei ihm festgestellt. Das Unmögliche wurde möglich. Der Bericht der Ärzte veränderte sich und Gottes Bericht wurde erfüllt.

Ich glaube, dass Gabriel niemals anzweifeln wird, dass es Gott gibt. Denn er wird wissen, dass er Gott aus erster Hand erfahren hat. Stell dir nur vor, wie es ist, mit dem *Bewusstsein* aufzuwachsen, dass Gott dich von klein auf *kennt*. Meine Frau und ich geben allein Gott die Ehre dafür. Wir wissen und haben erfahren dürfen, dass kein Bericht gegen den Bericht, den Gott für uns hat, bestehen kann."

Es ist wahr! Ich habe es selbst viele Male gehört und gesehen. Wenn Gott spricht, wenden sich unmögliche Situationen zum Guten. Joshua und seine Frau empfingen eine Offenbarung von Gott. Beide von ihnen hörten auf unterschiedliche Weise von Gott und wussten, dass Er ihren Sohn heilen würde. Sie wussten, dass es geschehen würde, bevor es geschah.

Jede Offenbarung spiegelt Gott wider und macht Ihn somit berühmt. Hier zeigte sich Gott als Heiler, barmherziger Vater und als der, der Anfang und Ende von allem kennt. Er kümmert sich um jeden, der Ihn liebt.

Kannst du dir vorstellen, welche Auswirkungen es haben wird, wenn mehr und mehr Christen lernen, so zu glauben und Offenbarung zu empfangen, dass Kranke geheilt und die Geheimnisse der Herzen der Menschen offenbar werden?

Was können wir tun, um solche Offenbarungen zu empfangen – Offenbarungen für unsere Situation, für die Nöte anderer und für die Generation, der wir dienen?

Ein Herz für Gott

Das größte Geschenk, das wir haben können, ist unsere Liebe für Gott, und der Wunsch, Ihn und seine Wege zu kennen. Gott spricht durch den Propheten Jeremia klar und deutlich:

> *Sondern wer sich rühmt, rühme sich dessen: Einsicht zu haben und mich zu erkennen, dass ich der Herr bin.*
>
> Jeremia 9, 23

Oft bitten wir Gott um eine Offenbarung für ein Problem oder eine Not und verpassen dabei etwas sehr Wichtiges. Gott offenbart zuallererst *sich selbst*. In 1. Mose 17, 1–2 steht:

> *Und Abram war 99 Jahre alt, da erschien der Herr dem Abram und sprach zu ihm: Ich bin Gott, der Allmächtige [El Shaddai]. Lebe vor meinem Angesicht, und sei untadelig! Und ich will meinen Bund zwischen mir und dir setzen und will dich sehr, sehr mehren.*

Gott gab Abram eine atemberaubende Verheißung. Er und seine Frau würden einen Sohn bekommen, und das, nachdem sie ihr „Mindestfruchtbarkeitsdatum" weit überschritten hatten. Doch zuvor zeigte Gott ihnen seine „Visitenkarte". Darauf stand: „El Shaddai, der, der genug ist; der, der alles kann."

Das war das erste Mal in der Geschichte der Menschheit, dass Gott sich so genannt hatte. Und du kannst dich darauf verlassen, dass Gott immer, wenn Er etwas zum ersten Mal tut, einen guten Grund hat. Warum wählte Gott gerade diesen Moment, sich diesen großen Namen zu geben? Wegen der Verheißung, die Er aussprechen wollte! Denk einmal darüber nach: Wenn ich auf dich zukommen würde und sagen würde: „Ich gebe dir eine Million Dollar", würdest du vielleicht sagen: „Vielen Dank!", und dann hinter vorgehaltener Hand kichern. Wenn du mich kennst, weißt du, dass ich keine Million Dollar habe und sie dir somit auch nicht geben kann. Wenn dir jedoch Bill Gates dasselbe Versprechen macht, sagst du wahrscheinlich: „Gott segne Sie, Herr Gates – ich verspreche Ihnen, künftig noch mehr Microsoftprodukte zu kaufen!" Das Versprechen ist in beiden Fällen gleich – der Unterschied liegt in der Person, die das Versprechen macht. Einer ist in der Lage, das Versprechen zu *erfüllen*, der andere nicht.

Gott wollte, dass Abram wisse, dass diese unglaubliche Verheißung, diese alles übersteigende, eigentlich völlig unmögliche Verheißung, die Gott ihm geben wollte, erfüllt *würde*, weil Gott *El Shaddai* ist – der, der alles kann.

Der dänische Philosoph Søren Kirkegaard sah einen Unterschied zwischen, wie er es nannte, „objektiver" und „subjektiver" Offenbarung. Oft kommen wir zu Gott und suchen nur objektive Offenbarung. Wir möchten eine Lösung für unser Problem, Schritte eins bis vier. Wir möchten eine logische, schrittweise Abfolge, die klar herausstellt, was in dieser Situation richtig ist. Gott jedoch möchte uns zuerst eine *subjektive* Offenbarung schenken. Damit meine ich nicht, dass sich die Offenbarung je nach der Person, an die sie gerichtet ist, ändert. Niemals wird eine persönliche Offenbarung Gottes der allgemeinen Offenbarung seines Wortes widersprechen. Ich meine damit, dass Gott möchte, dass wir zuerst *Ihn* kennen lernen, *Ihn* erfahren. Nur darüber, dass wir Ihn kennen, ganz persönlich, können wir die Wahrheit über unsere Situation erfahren und die Lösung für unser Problem finden. Er ist „der Weg, die Wahrheit und das Leben".[1] Unserer Beziehung zu Ihm entspringt die Offenbarung der Wahrheit, die uns durchträgt.

Pontius Pilatus stellte Jesus eine Frage, die manche Menschen für sehr beeindruckend halten: „Was ist Wahrheit?"[2] Er wollte, dass Jesus ihm die Wahrheit über das Leben in Kurzform sage. Er wollte objektive Wahrheit. Leider war er für subjektive Offenbarung nicht offen. Er wollte keine *Beziehung* eingehen zu dem, der die Wahrheit *ist*. Hätte er sich wirklich nach Jesus ausgestreckt, hätte er sein Herz für den Herrn geöffnet, hätte er die Antworten auf seine Fragen erhalten können.

Gottes Werte begreifen

Vor einigen Jahren, als Gott Davina und mich berief, Australien zu verlassen und nach Europa zu gehen, kamen eine ganze Reihe Fragen auf. Wo sollten wir leben? Wo sollten unsere Kinder zur Schule gehen? Wie würden wir die Lebenshaltungskosten decken? Wie sollten wir den Aufbau des internationalen Dienstes und die internationalen Projekte, zu denen Gott uns berufen hatte, bezahlen? Wie würden die Menschen in Europa auf uns reagieren?

Wir hatten mehr als fünfzehn Jahre damit verbracht, einen großen Dienst in Australien aufzubauen. Wir standen an forderster Front der vielleicht größten Bewegung des Geistes Gottes unter Jugendlichen in der Geschichte unseres Landes. Es war ein außerordentliches Vorrecht, der erste nationale Leiter einer Pionierarbeit wie *Youth Alive Australia* zu sein. Es war ein großer Segen, mit einem der besten Leiterschaftsteams der Welt arbeiten zu dürfen. Die Hauptmitglieder dieses Teams leiten jetzt die am schnellsten wachsenden und kreativsten Gemeinden und Dienste in meinem Heimatland.

Es wurden hunderte von Leitern und Pastoren über *Youth Alive Australia* ausgebildet. Uns persönlich hatte Gott große Gunst geschenkt, sodass wir im Dienst einen sehr guten Ruf genossen, sowohl im gesamten Land als auch darüber hinaus. Bis zum heutigen Tag ermutigt das Modell von *Youth Alive* viele auf der ganzen Welt und sorgt so für evangelistischen Einsatz und Gemeindewachstum.

Lass uns Gott berühmt machen

Du kannst dir sicher vorstellen, dass ich, als mich Gott von meinem australischen Dienst weg berief, viele Stunden in verzweifeltem Gebet verbrachte und mich fragte, was wohl vor uns läge. Wie könnte man einen Dienst, der in den ersten zehn Jahren aus dreihundert jungen Menschen in einer Stadt zu mehr als sechzigtausend im ganzen Land angewachsen war (jetzt ist er noch größer), weiterführen?

Als Gott uns nach Westeuropa rief, gab es niemanden in Australien, der etwas tat, das in der Größenordnung mit dem vergleichbar gewesen wäre, wozu wir berufen waren. Die Struktur des Missionsprogramms unserer Denomination war damals noch nicht groß genug, um das Projekt, das Gott mir aufs Herz gelegt hatte, zu ermöglichen. Als wir so auf Gott warteten, fühlten wir uns die meiste Zeit ziemlich allein. Es gab viele dringliche Fragen, auf die ich Antworten brauchte. Ich betete viel, doch kamen die Antworten nicht so, wie ich es erwartet hatte.

Ich betete gerade zu Gott wegen Geld – etwas, das wir alle brauchen, wenn wir den Ruf Gottes auf unserem Leben erfüllen möchten. Europa ist nicht gerade billig und wenn man wie wir aus der „Neuen Welt" kommt, kann die oftmals schwerfällige, kontrollverliebte Bürokratie der sozialdemokratischen Länder mit ihren hohen Steuern etwas anstrengend sein. Wir verkauften alles, was wir hatten, um unsere fünfköpfige Familie „an die äußersten Enden der Erde" zu versetzen. Wie sollten wir all das finanzieren?

Wie reagierte Gott darauf? Er forderte mich auf einem Gebiet heraus, das nicht im Geringsten mit meinen Fragen im Zusammenhang zu stehen schien. Ein guter Freund von mir, ein anerkannter christlicher Leiter in unserer Stadt, bat mich 1994, seinen Lebenslauf auf unserer Europa-Tour mitzunehmen. Er hatte einen guten Ruf in unserem Land, spürte allerdings, dass Gott ihn und seine Familie auch nach Europa rief. Er bat mich um meine Hilfe, ich sollte für ihn herausfinden, welche Möglichkeiten für ihn in Europa bestünden. Seine Bitte war völlig legitim, doch zögerte ich im ersten Moment – zumindest in meinem Herzen.

„Herr", betete ich, „ich bin mir noch nicht einmal der Zukunft meiner *eigenen* Familie in Europa sicher. Wie kann ich den Ruf eines anderen auch noch auf mich nehmen? Hier stehen wir nun, wir suchen nach einem geeigneten Ort in Europa, wissen nicht, wo wir wohnen sollen oder wie wir überleben sollen, und mein Freund bittet mich darum, ihm bei der gleichen Sache zu helfen."

Ich hatte hart an meinen Beziehungen in Europa gearbeitet und viel Zeit damit verbracht, sie aufzubauen. Sollte ich nun den Nutzen dieser Beziehungen, die Gunst, die ich mir verschafft hatte, gerade in dieser schweren Zeit, in der wir *uns selbst* nicht sicher waren, mit jemand anders teilen? Sollte ich es tun und käme mein Freund zur gleichen Zeit nach Europa wie wir, würde es dann nicht die Aufmerksamkeit der Leute ablenken, die uns möglicherweise im Gebet und finanziell unterstützen würden?

Du magst jetzt vielleicht denken, dass dies sehr fleischlich ist und gar nicht geistlich, doch diese Gedanken gingen mir durch den Kopf. Gott hatte uns durch vieles geführt, um uns vorzubereiten, unsere große Arbeit in Australien zu verlassen und einen Neuanfang in Europa zu wagen. Ich wollte es einfach richtig machen.

Nun, obwohl ich erst einmal zögerlich war, nahm ich mich des Anliegens meines Freundes an. Gott unternahm mit mir eine Reise der Offenbarungen. Er unterrichtete mich im Leben. Er lehrte mich über seinen großzügigen Geist. Außergewöhnlich gut zu sein, so sagte Er, entspringt einem großzügigen Geist, der über das hinausgeht, was die Norm ist, über das, was erwartet wird.[3] Er sagte mir, dass ich, wenn ich bereit wäre, die Interessen meines Freundes zu vertreten, besonders in meiner unsicheren Situation, diesen Geist zutage legen würde. Und Er würde mich dafür segnen.

Ich kann dir sagen dass Gott sowohl unsere Familie als auch unseren europäischen Dienst, *Next Wave International*, gesegnet hat. Wir mussten uns ganz schön ranhalten, bei all der Gunst, die Er uns gab. Meinem Freund aus Melbourne geht es auch sehr gut. Er leitet einen erfolgreichen und wachsenden Dienst, der viele Gemeinden in Nordeuropa verändert. Er ist hoch angesehen und wünscht mir als mein Freund nur das Beste.

Gott beantwortete meine Gebete auf ganz unerwartete Weise. Er beantwortete meine Frage mit einer Gegenfrage: War ich bereit, gemäß *seiner Offenbarung* zu handeln und nicht nur auf *mein Bedürfnis* zu sehen? Ich nahm die Offenbarung an und bin sehr froh, dass ich das getan habe. Gott begegnete nicht nur der Not, sondern gab mir darüberhinaus etwas sehr Wertvolles: Er schenkte mir einen Einblick in sein Wesen und in seine Art, zu wirken. Wenn ich auf diese Zeit zurückschaue, sehe ich sie als eine der Zeiten, die mich in meinem Leben als Christ am meisten vorangebracht hat. Ich *lernte* Wichtiges *über Gott* und *empfing von Gott* und treffe selbst heute meine Entscheidungen mit Blick auf das, was ich damals lernen und erleben durfte. Diese Offenbarung war ein größeres Geschenk, als ich erwartet hatte, als ich damals begann, für gottgewollten Wohlstand in meinem Leben zu beten.

Mach Gottes Prioritäten zu deinen

Als wir damals unsere Heimat verließen, machten wir Kopenhagen in Dänemark zu unserem neuen Zuhause. Kopenhagen ist eine reizende alte Stadt mit einer langen Geschichte und freundlichen, mit beiden Beinen im Leben stehenden Menschen. Ich hatte die Stadt bereits einige Male besucht und auf Konferenzen gesprochen.

Das Erste, was ich über die Dänen lernte, war Folgendes: Sie sind großartige Fahrradfahrer! Egal, wo man sich in Dänemark aufhält, man sieht sie auf Fahrrädern. Jung und Alt, sie haben es drauf! Bei jedem Wetter, egal ob Stadt oder Land, sie fahren Fahrrad. Die Straßen in den Städten verfügen über eigene Fahrradspuren, gleich neben den Spuren für Autos und Busse. Wenn man einen Fahrradfahrer mit dem Auto anfährt, kann man damit rechnen, die ganze Härte des Gesetzes zu spüren zu bekommen.

Als Zweites entdeckte ich, dass die Dänen radfahren, als wären sie Wikinger im Geschwindigkeitsrausch! Fahrradfahren hört sich so gemächlich an. Man stellt sich lächelnde Menschen vor, die gesetzt dahinradeln, frei von jederlei Aggression. Das ist in einigen Teilen Dänemarks überhaupt *nicht* so. Dänische Fahrradfahrer haben keine Angst. Mit das Gefährlichste, was du bei einem Besuch in Kopenhagen tun kannst, ist es, mitten auf einer Fahrradspur anzuhalten, während der Verkehr rollt. Noch schlimmer wäre es, würdest du versuchen, in die entgegengesetzte Richtung zu fahren. Du musst mit dem Verkehr fließen.

Ein passendes hebräisches Wort wäre *shalem*, das „in Harmonie mit" oder „in dieselbe Richtung wie" heißt. Es ist mit *shalom* verwandt, was die meisten mit „habe Frieden" übersetzen würden. *Shalem* wird auch in 2. Chronik 16, 9 verwendet:

> *Denn des Herrn Augen durchlaufen die ganze Erde, um denen treu beizustehen, deren Herz ungeteilt auf ihn gerichtet ist.*

Gott sucht Menschen, deren Herzen *shalem* mit seinem Herzen sind, Menschen, die in Harmonie sind mit Ihm. Oder man könnte sagen: Menschen, die sich in dieselbe Richtung bewegen, Menschen, die seine Prioritäten teilen. Ein anderes Wort für „Prioritäten" ist „Werte". Deine Werte sind die Prioritäten, die deine Entscheidungen und dein Verhalten beeinflussen. Deine Kinderstube, deine Ausbildung und deine Umgebung tragen dazu bei, diese Werte zu formen. Als Christen müssen die wichtigsten Werte in unserem Leben vom Wort Gottes geformt werden. Wir müssen daran arbeiten, unsere Entscheidungen mit Gottes Entscheidungen in Einklang zu bringen, sodass wir offen sind, Offenbarungen zu empfangen.

Wenn wir Menschen sein möchten, die Offenbarungen empfangen, ist es sehr wichtig, dass wir daran arbeiten, dem Geben großen Wert beizumessen. Schau mal, wenn Offenbarungen kommen sollen, muss es in bestimmtem Maß etwas Unbekanntes geben. Du kannst nicht für Offenbarungen offen sein, wenn du der Meinung bist, alle Antworten zu kennen. Um Offenbarungen zu empfangen, müssen wir die Kontrolle jemandem übergeben, der größer ist und mehr weiß als wir.

Ich fragte mich immer, warum der Herr den Baum der Erkenntnis des Guten und des Bösen in den Garten Eden gepflanzt hatte.[4] Ich fragte mich, warum Er das Ding dort hingestellt hatte, wenn es doch alle diese Schwierigkeiten nach sich ziehen konnte? Wenn du dir mal die Schöpfungsgeschichte anschaust, wirst du bemerken, dass dies der einzige Baum war, von dem Adam und Eva nicht essen durften. Jeder andere Baum stand ihnen zur freien Verfügung – selbst der „Baum des Lebens"![5]

Ich glaube mittlerweile, dass Gott, als Er den Baum pflanzte, die Menschen fragen wollte: „Seid ihr in der Lage, mit dem Unbekannten zu leben?" Er wollte wissen, ob sie bereit wären, Ihm den weiteren Verlauf ihrer Entwicklung zu überlassen, oder ob *sie* die Zügel in der Hand haben mussten und mit Gott spielen wollten. Die Bibel sagt es ganz deutlich: Nur wenn wir Gott die Kontrolle überlassen, üben wir uns im Glauben. Und ohne Glauben ist es unmöglich, ein gottgefälliges Leben zu führen, ein Leben im Einklang mit Gottes Plan für unser Leben.[6]

Wenn wir etwas geben, sei es unsere Zeit, unser Geld, Ermutigung oder sonst irgendetwas, lassen wir es los und übergeben die Kontrolle jemand anders. Wenn wir etwas Gott geben, verhalten wir uns so, wie Er es sehr mag. Wir übergeben Ihm die Kontrolle. *Dann* sind wir offen für Offenbarungen.

Deine Vorstellungskraft muss sauber bleiben

Schau dir noch einmal 5. Mose 8, 3 an:

> *… um dich erkennen zu lassen, dass der Mensch nicht von Brot allein lebt. Sondern von allem, was aus dem Mund des Herrn hervorgeht, lebt der Mensch.*

Hier ist nicht die Rede von *Worten*. „Na und?", magst du jetzt vielleicht sagen. Doch Offenbarung erreicht uns zuerst nicht in Worten. Die Offenbarung berührt nicht den rationalen, sondern zuerst den *intuitiven* Teil unserer Psyche, den Teil, in dem Bilder entstehen.

Die Vorstellungskraft des Menschen ist für Gott etwas ganz Besonderes. Wir sprechen vom „Selbstbild" und dem „Bild, das du von deinem Körper hast". Wir haben erkannt, wie wichtig es ist, ein gesundes Bild von etwas zu haben, uns etwas richtig vorzustellen. Die Bibel sagt uns, dass unsere Vorstellungskraft ein kostbares Geschenk Gottes ist, auf das wir gut aufpassen müssen. Die Probleme des Menschen mit der Sünde begannen mit falschen

Vorstellungen. Das erste Buch Mose berichtet von der Unterhaltung der Schlange mit Eva und davon, wie Eva reagierte:

> *Da sagte die Schlange zur Frau: Keineswegs werdet ihr sterben! Sondern Gott weiß, dass an dem Tag, da ihr davon esst, eure Augen aufgetan werden und ihr sein werdet wie Gott, erkennend Gutes und Böses. Und die Frau sah, dass der Baum gut zur Speise und dass er eine Lust für die Augen und dass der Baum begehrenswert war, Einsicht zu geben; und sie nahm von seiner Frucht und aß, und sie gab auch ihrem Mann bei ihr, und er aß.*
>
> 1. Mose 3, 4–6

Erst nachdem die Schlange zu Eva gesprochen hatte, schaute sich Eva den Baum etwas genauer an. Es war derselbe Baum wie vorher, er hatte sich nicht verändert. Doch hatte Eva nun eine andere *Vorstellung* vom Baum. Das hatte sich geändert. Eva übernahm Satans Bild vom Baum. Darum sagt die Bibel auch, dass Gott uns hilft, Vernünfteleien und jede Höhe, die sich gegen die Erkenntnis Gottes erhebt, zu zerstören. Uns wird aufgetragen, jeden Gedanken gefangen zu nehmen unter den Gehorsam Christi.[7] Wir müssen unsere Vorstellungskraft von unreinen Gedanken und gottlosen Bildern freihalten. Nur dann sind wir „online", verbunden mit Gott, und können Offenbarungen empfangen.

Mach es wie Gott: Werde Mensch!

Beachte bitte auch Folgendes: Wenn die Offenbarung zuerst in den intuitiven Teil von mir kommt, ist nicht Gott für die Worte verantwortlich, die ich wähle, um die Offenbarung auszudrücken. *Ich* habe sie ja gewählt.

Paulus lehrte die Christen in Korinth, dass Offenbarungsgaben wie die prophetische Rede so schön sind, weil sie geradeheraus und leicht zu verstehen sind.[8] Warum also verkomplizieren wir die Sache so oft?

Ich wuchs in einer Gemeinde auf, in der man ein Wort von Gott daran erkennen sollte, wie eloquent es vorgetragen wurde. Man bediente sich ausgefallener Worte oder dramatischer Gesten, um zu zeigen, dass Gott tatsächlich durch einen sprach. Einige

Prediger verstellten ihre Stimme, schnaubten und taten so, als müssten sie während der Prophetie hyperventilieren. Gerade so, als ob Gott ein bisschen Show-Business benötige. Das entmutigte viele Christen, die Geistesgaben zu begehren. Viele von uns glaubten, dass prophetische Rede, das Wort der Weisheit und das Wort der Erkenntnis nur „Spezialisten" vorbehalten, die entweder wussten, wie man mit einer himmlischen Rednergabe zu reden hatte oder die ein schlimmes Atemproblem hatten.

Doch die Bibel sagt etwas ganz anderes:

> *Strebt aber nach der Liebe; eifert aber nach den geistlichen Gaben, besonders aber, dass ihr weissagt!*
>
> 1. Korinther 14, 1

Diese Anweisung gilt *jedem* Christen, nicht nur einigen „Auserwählten", die zufällig mit lauter Stimme reden können, wenn sie in der Gemeinde sind. In der Übersetzung der *Amplified Bible* (eine erweiterte englische Bibelübersetzung) heißt es in diesem Vers, dass wir die Geistesgaben „kultivieren" sollen. Wir sollen aktiv daran arbeiten, so, wie wenn jemand im Garten arbeitet.

Wie erkennen wir, dass ein prophetisches Wort wirklich von Gott kommt? Nicht anhand der schlauen Worte, in die die Menschen sie eingepackt haben oder am schauspielerischen Können einiger Prediger. Wir wissen, dass Gott hinter einem Wort steckt, wenn die prophetische Rede passt, wenn sie Leben verändert, ermutigt, stärkt und tröstet und Menschen näher zu Jesus führt.[9] Eine Prophetie ist dann ein *Original* vom Herrn, wenn sie Gott im Leben eines anderen Menschen berühmt macht!

Manchmal sagt Gott zu uns: „Warum bist du nicht einfach ganz natürlich und lässt Mich übernatürlich sein? Ich mach' das schon eine ganze Weile länger als du. Ich hab' sogar ein Buch über das Übernatürliche geschrieben. Ich habe das Übernatürliche *erfunden*!"

„Warum machst du es nicht wie Ich? Werde *Mensch*!" Gott muss die Menschen mit der Art, wie Er spricht, nicht beeindrucken. Das nimmt uns den Druck. Wir können ganz natürlich übernatürlich sein, wenn wir ein uns offenbartes Wort weitergeben.

Eine Angelegenheit mit Risiko

Ich hatte das Vorrecht, Menschen jeden Alters auf der ganzen Welt prophetische Worte zu geben. Die prophetische Rede, das Wort der Erkenntnis und das Wort der Weisheit sind drei Manifestationen des Heiligen Geistes, über die Paulus in 1. Korinther spricht. Wege, auf denen Gott sich den Menschen zeigt. Wenn du jemandem zuhörst, der ein eindeutig passendes prophetisches Wort gibt, das die Situation, in der sich die angesprochene Person oder Gruppe gerade befindet, beschreibt, erlebst du Gott, wie Er sagt: „So bin ich."

Ich danke Gott beständig dafür, dass ich erleben darf, wie sich Menschenleben fast direkt vor meinen Augen zum Guten verändern. Paulus lehrte, dass prophetische Rede die Geheimnisse der Herzen der Menschen offen lege.[10] Ein prophetisches Wort zeigt, dass es Gott wirklich gibt, dass Er jeden Menschen persönlich sieht, dass Ihm die kleinsten Einzelheiten unseres Lebens wichtig sind und dass Er Antworten für unsere größten Probleme hat.

Paulus sagt es so:

> ... *wer aber weissagt, redet zu den Menschen zur Erbauung und Ermahnung und Tröstung.*
> 1. Korinther 14, 3

Laut Paulus ermutigt prophetische Rede, sie gibt den Menschen ihren Mut zurück. Die Geheimnisse, die Gott offenbart, sind normalerweise nicht welche, die uns beschämen. Es sind Geheimnisse, die uns auf eine neue Ebene der Effektivität und Hoffnung bringen.

Einmal predigte ich auf einer großen Veranstaltung in Stockholm in Schweden. Gegen Ende der Botschaft hatte ich den starken Eindruck, mit einem Mann zu beten, der zu meiner Linken saß. Es waren an diesem Abend viele Menschen zusammengekommen und ich lud diesen Mann ein, zu mir nach vorne zu kommen. Als er kam, wurde mir etwas klar, das mir bereits viele Male zuvor und auch danach klar wurde: Ich hatte nicht den blassesten Schimmer, was ich ihm sagen würde! Gehorsam ist eine bedingungslose Sache: Man darf Gott nicht nur gehorchen, wenn man versteht, was Er vorhat. Man muss Ihm auch gehorchen, wenn man keine Ahnung hat, was am Ende dabei herauskommen wird.

Als der Mann vor mir stand, gab der Herr mir einen weiteren starken Eindruck, den ich dann in Worte fasste. „Du hast gesagt, dass die besten Tage hinter dir liegen", sagte ich dem Mann. „Dein größter Wunsch war immer, das Reich Gottes zu finanzieren, doch kürzlich hast du über eine Serie von Umständen viel Geld verloren. Daher sagst du nun, dass deine besten Tage vorbei sind."

„Doch der Herr möchte, dass du weißt, dass deine besten Tage noch vor dir liegen. Er wird wiederherstellen, was du verloren hast und dich sogar darüber hinaus segnen. Du wirst die Verbreitung des Evangeliums in allen Nationen mitfinanzieren. Ganz so, wie du immer davon geträumt hattest."

Der gut gekleidete und gepflegt aussehende Mann brach zusammen und fing an, zu weinen, als wir zusammen beteten. Im Nachhinein erzählte mir mein Dolmetscher, der auch gleichzeitig der Pastor dieses Mannes war, dass ich geredet habe, als hätte ich gewusst, was mit dem Mann geschehen war. „Du hast genau beschrieben, was dieser Mann letztes Jahr erlebt hat", sagte er.

„Dieser Mann war stets ein erfolgreicher Geschäftsmann – einer der Top-Unternehmer Schwedens. Er machte sehr viel Geld und unterstützte die evangelistische Arbeit in der ganzen Welt. Doch dieses Jahr hatte er geschäftliche Probleme und verlor beinahe alles. Mal, diese Woche saß dieser Mann in meinem Büro und schüttete mir sein Herz aus. Er sagte mir, dass seine besten Tage nun hinter ihm lägen. Du konntest das nicht wissen, hätte Gott es dir nicht gezeigt. Das wird sein Leben verändern!"

Gott bewirkte einen Durchbruch im Leben dieses Mannes. Er schenkte diesem Mann, der in seiner Verzweiflung zu ertrinken drohte, durch dieses einfache offenbarte Wort neuen Mut und neue Kraft. Einige Monate später war ich wieder in der Stadt und saß zusammen mit diesem Mann beim Frühstück. Er erzählte mir, wie Gott seine Situation zum Guten gewendet hatte. Er verdient im Jahr wieder Millionen Schwedische Kronen und verwendet viel davon darauf, Evangelisationen zu finanzieren. Ich war sehr froh, dass ich damals nach der Veranstaltung im Glauben vorangegangen war.

Ich könnte ein ganzes Buch mit solchen Geschichten füllen. Gott liebt es, so zu wirken. Er liebt es, Menschen mit seiner tief reichenden Kenntnis um ihre Probleme und seiner großen Hoffnung für ihre Zukunft zu überraschen. Jedes Mal, wenn Gott spricht, erwartet Er, dass ich Glauben ausübe und das Risiko eingehe.

Gott ist allwissend. Es gibt nichts, was Er nicht weiß. Wenn ich aus dem mir Vertrauten in das Unbekannte wechsle, habe ich *meine* Mittel ausgereizt, doch seine Quellen wurden noch nicht einmal angekratzt. Die Tür in die aufregende Welt der Offenbarungen trägt die Aufschrift „Risiko".

Hab eine Leidenschaft für Menschen

Wahre Offenbarung von Gott erfolgt immer als Antwort auf eine Not. Diese Offenbarung wird im Geheimen empfangen und in die Geschichte geboren. Sie drückt sich immer praktisch aus.

Wenn du schon länger als nur ein paar Wochen in der Gemeinde bist, wirst du sicherlich Gespräche über Gottes „Salbung" auf dem Leben von Menschen gehört haben. Wir sprechen von Menschen, die „gesalbt sind, für die Kranken zu beten". Oder solchen, die „gesalbt sind, zu predigen". Was genau *ist* „Salbung"?

Im Alten Testament wurde das Salböl zu besonderen Anlässen oder zu Zeiten besonderer Bedeutung auf den Kopf eines Menschen gegossen. Die Salbung mit diesem nur für diesen Zweck hergestellten Öl bedeutete Folgendes: Erstens bedeutete sie, dass die Person von Gott zu einer bestimmten Berufung, einem bestimmten Zweck ausgesondert wurde. Sie diente der entsprechenden Person, den Menschen, die sie leiten sollte, und Gott als Zeichen. Zweitens bedeutete sie, dass diese Menschen bestimmte Gaben von Gott besitzen würden, um diesen Plan auszuführen.

Zwei Menschengruppen wurden auf solche Weise gesalbt: Könige (für die Leitung im Natürlichen) und Priester (für die Anbetung im Geist).[11]

Der Prophet Samuel goss das Salböl auf Saul, um ihn als König von Israel abzusondern. An diesem Tag kam der Geist Gottes auf Saul, wie er es noch nie zuvor erlebt hatte. Plötzlich war er in der

Lage, wie einer der heiligen Männer Israels zu prophezeien.[12] Als David zum König gesalbt wurde, veränderte die Kraft Gottes auch ihn sichtbar. Die Menschen erkannten, dass der Geist Gottes in einer ungewöhnlichen Weise auf ihm war.[13] Wenn Gott jemanden in eine Leiterschaftsposition beruft, salbt Er ihn dazu, diese Rolle zu erfüllen. Er schafft Wege, sodass er zu Menschen sprechen kann, und schenkt ihm Gunst, die bewirkt, dass sich Menschen seinem Einfluss öffnen.

Gott gab Mose eine Salbung für Wunder, sodass ihn sowohl das Volk Israel als auch der König von Ägypten respektierten. Elija und Elisa schenkte Gott ungewöhnliche prophetische Einsicht und die Fähigkeit, Menschen zu heilen. Auch hier wurden Menschen berührt und hörten ihnen zu, da die Gunst Gottes nachweislich auf ihrem Leben lag.

Im Neuen Testament wird Jesus der „Gesalbte" genannt.[14] Vor allen anderen war Er von Gott gesalbt – ausgesondert und befähigt, eine bestimmte Aufgabe zu erfüllen. Vom Anbeginn seines öffentlichen Wirkens war Jesus sich seiner besonderen Salbung und ihrem Zweck bewusst:

> *Der Geist des Herrn ist auf mir, weil er mich gesalbt hat, Armen gute Botschaft zu verkündigen; er hat mich gesandt, Gefangenen Freiheit auszurufen und Blinden, dass sie wieder sehen, Zerschlagene in Freiheit hinzusenden, auszurufen ein angenehmes Jahr des Herrn.*
>
> Lukas 4, 18–19

Jesus wurde ausgesondert und befähigt, all diese Dinge zu tun. Er gab stets Gott, dem Vater, all die Anerkennung für die Werke, die Er tat.[15] Doch hört die Geschichte der Salbung nicht mit dem Tod und der Auferstehung Jesu auf. Das Neue Testament sagt uns, dass diese besondere Befähigung, die in Jesu Leben wirksam war, nun auf einer ganzen Menschengruppe ruht – der Gemeinde. Wir sind jetzt Gottes Könige und Priester, berufen zu leiten und anzubeten.[16] Niemand von uns besitzt die Salbung, die auf Jesus ruhte, in ihrer Fülle. Jeder von uns zeigt einen anderen Aspekt des Dienstes, den Jesus hatte, als Er hier auf der Erde war.[17]

Bei einigen von uns ist es ersichtlich, dass wir ausgesondert wurden und befähigt sind, die Kranken zu heilen. Bei anderen ist es erkennbar, dass sie gesalbt sind, Wunder zu wirken. Andere wiederum sind besonders begabt, zu predigen. Wie erkennst du den in dir wirksamen Aspekt der Salbung Jesu? Ganz einfach. Stelle dir folgende Frage: Wie begegnet Gott den Nöten anderer durch dich? Du bist für eine bestimmte Aufgabe gesalbt worden – Nöten mit der übernatürlichen Kraft Gottes zu begegnen.

> *Und ihr habt die Salbung [wörtlich „charisma", eine besondere Befähigung des Geistes] von dem Heiligen und habt alle das Wissen.*
>
> 1. Johannes 2, 20

Die Salbung ist kein Gefühl. Nicht etwa Gänsehaut, die du bekommst, wenn du bestimmte Musik hörst oder dich in einer bestimmten Atmosphäre befindest. Was wir manchmal „Salbung" *nennen*, ist in Wirklichkeit oft nur das Ambiente oder ein Gefühl. Diese Dinge können von der Salbung *hervorgerufen* werden, doch sind sie nicht die Salbung an sich.

Die Salbung ist die manifeste Gegenwart Gottes, die als Antwort auf eine menschliche Not kommt. Gott sagt damit: „So bin ich." Wenn jemand in Jesu Namen geheilt wird, offenbart sich Gott als der große Heiler. Wenn jemand von der Bedrückung dämonischer Kräfte befreit wird, sagt Gott damit: „Das tue Ich, Ich befreie Menschen und setze sie frei."

Gottes Salbung in deinem Leben begegnet den Nöten anderer durch dich auf übernatürliche Weise. Sie ist mehr als deine natürlichen Begabungen und deine natürliche Motivation. Es geht darum, dass Gott übernatürlich „auftaucht", wenn du für andere Menschen betest. Die Salbung Gottes befähigt dich, die übernatürlichen Werke Jesu als Antwort auf eine konkrete menschliche Not zu wirken.

Die Manifestationen des Heiligen Geistes wurden uns nicht gegeben, um *uns* gut aussehen zu lassen. Jesus weigerte sich vehement, Wunder zu wirken um der Show willen oder um Menschenmengen anzuziehen. Die übernatürlichen Offenbarungsgaben Gottes wirken, um *Gott* gut aussehen zu lassen, was Er ja auch ist.

Sie wirken durch uns, um den Nöten der Menschen zu begegnen und Gottes Namen zu erheben. Wenn wir die Salbung, die Gott in uns hineingelegt hat, freisetzen wollen, müssen wir eine Leidenschaft für Menschen entwickeln sowie hingegeben sein, verletzten Menschen und zerbrochenen Herzen zu helfen.

Mein Freund Ray McCauley, Pastor der größten Gemeinde in Südafrika, sagt, dass die Gemeinde nicht relevant sei, weil sie einen bestimmten Musikstil spiele. Er sagt, die Gemeinde sei relevant, weil sie den Nöten der Menschen begegne. Ich fragte einmal den großen Heilungsevangelisten Reinhard Bonnke, was ihn motiviere, jedes Jahr zu hunderttausenden von Menschen zu predigen und für sie zu beten. Er hatte eine ganz einfache Antwort: „Ich sehe, was der Teufel den Menschen antut, und ich werde wütend!" Eine solche Leidenschaft ehrt Gott und Er setzt eine Salbung für Offenbarungen frei.

Es gibt noch etwas, das die Kraft der Offenbarung bringt – die Kraft, die den Einfluss Babylons überwindet und Gott berühmt macht. Aber diesem Aspekt gebührt ein eigenes Kapitel …

[1] Johannes 14, 16
[2] Johannes 18, 38
[3] Lukas 6, 32–38
[4] 1. Mose 2, 9
[5] 1. Mose 2, 16–17
[6] Hebräer 11, 6
[7] 2. Korinther 10, 5
[8] 1. Korinther 14, 1–18
[9] 1. Korinther 14, 3
[10] 1. Korinther 14, 25
[11] 2. Mose 29, 21; 3. Mose 8, 12 + 30; 2. Mose 40, 15; 2. Chronik 23, 11
[12] 1. Samuel 10, 1 + 6 + 9 + 11
[13] 1. Samuel 16, 13
[14] Apostelgeschichte 4, 26–27
[15] Johannes 10, 32
[16] 1. Petrus 2, 9
[17] 1. Korinther 12, 4–14

6

Beweise es!

Es sind die letzten Tage des alten Jahrtausends – nur einige Tage, bis das Wort „Eternity" auf der Sydney Harbour Bridge erscheinen wird. Ich schaue mir gerade eine Musik-Sendung im Fernsehen an, die genauso träge ist wie das ausklingende Jahrhundert ...

Warte mal, das ist ja mal was anderes: Ein Neunundfünfzigjähriger spielt einen Nummer-Eins-Hit (keine Backstreet Boys, sondern ein „Backstreet Opa"). Einen Nummer-Eins-Hit, den die aufgeklärten Musik-Gurus von Radio und Fernsehen bewusst ignorieren, da er für ihre auserlesenen und gebildeten Zuhörer zu klischeehaft sei.

Zugegeben, er hört sich etwas kitschig an. Und der Text ist nicht neu, er wurde vor fast 2000 Jahren geschrieben von einem Mann, der keinen einzigen Pop-Song gehört hatte. Doch sein Leben und seine Worte schallen durch die Geschichte und berühren unser Leben, wie es kein Lied hätte tun können.

Das Lied wurde in England, Europa, Australien und vielen anderen Ländern millionenfach verkauft. Es war mehrere Wochen an der Spitze der englischen Charts.

Mit der Melodie von *Auld Lang Sine* und Texten aus dem „Vater Unser" war Cliff Richards *Millennium Prayer* von Anfang an vorherbestimmt, zu floppen. Doch es verkauften sich Millionen CDs. Warum? Weil das Lied die Herzen der Menschen ansprach. Die Menschen hoffen immer noch darauf, dass es vielleicht doch jemanden da draußen gibt, der uns – in den Worten des Liedes von Bette Midler – aus der Ferne beobachtet und uns wohlgesonnen ist. Was sich diese Menschen wünschen, steht uns als Christen zur Verfügung. Der Apostel Johannes, der das Beten direkt vom Meister des Gebets lernte, schrieb:

Lass uns Gott berühmt machen

Und dies ist die Zuversicht, die wir zu ihm haben, dass er uns hört, wenn wir etwas nach seinem Willen bitten. Und wenn wir wissen, dass er uns hört, was wir auch bitten, so wissen wir, dass wir das Erbetene haben, das wir von ihm erbeten haben.

1. Johannes 5, 14–15

Es gehört zu unserem Erbe als Kinder Gottes, dass wir in Glauben und Gehorsam beten und mit Antworten *rechnen* können. Einer neuen Ebene der Offenbarung geht eine neue Ebene des Gebets voraus. Die Disziplin, täglich zu beten, war ein fester Bestandteil von Daniels Leben in Babylon. Genau dieser Lebensstil eröffnete ihm besondere Offenbarungen.

Im Hebräerbrief lesen wir Folgendes über die großen Helden der Bibel:

… die durch Glauben Königreiche bezwangen, Gerechtigkeit wirkten, Verheißungen erlangten, der Löwen Rachen verstopften.

Hebräer 11, 33

Es heißt hier, sie „erlangten" das Verheißene, das heißt, sie streckten sich danach aus und ergriffen es. Wortwörtlich streckten sich diese Männer und Frauen aus und *ergriffen* die Verheißung, die ihnen Gott gegeben hatte. Stelle dir bitte vor, es gäbe ein geistliches Internet, aus dem du dir Gesundheit, Frieden, Freude, Wohlstand, Weisheit und Offenbarung herunterladen könntest. Würdest du dich einloggen? Natürlich würdest du es tun. Gibt es so etwas? Ja! Gottes Wort ist das Internet des Geistes. Es ist voller Quellen, voller Verheißungen, die uns als Christen zur Verfügung stehen. Wir müssen sie nur „herunterladen".

Um sich in das natürliche Internet einzuwählen, benötigt man ein Modem. So ist es auch mit Gottes Internet des Geistes. Der Glaube ist das Modem, das uns mit den Verheißungen Gottes verbindet und deren Kraft in unser Leben hineinlädt. Das Passwort heißt: Gehorsam. Dieses Passwort vergisst man leicht mal, doch ohne Gehorsam können wir Gottes übernatürliche Mittel nicht korrekt anwenden.

Ergebnisse erzielen!

Der Apostel Jakobus sagt uns, dass es nur zwei Gründe gibt, warum das Gebet eines Christen nicht beantwortet wird. Entweder bitten wir nicht; wir sagen es dem Pastor, wir jammern die Ohren unseres Ehepartners voll, wir informieren unsere Freunde, doch kommen nicht so weit, es vor Gott zu bringen. Oder wir bitten Gott, aber mit falschen Motiven.[1]

Also *gibt* es eine richtige Art zu beten. Es *gibt* eine Form des Gebetes, die Gebetserhörungen nach sich zieht – und es gibt eine andere Form, die das *nicht* tut. Die Jünger Jesu erkannten das. Sie hatten in ihrem sehr religiösen Umfeld und der Kultur von damals viele verschiedene Formen des Gebets gesehen, bevor sie Jesus trafen. Sie kannten das selbstgerechte Gefasel der religiösen Leiter, die es liebten, ihre Frömmigkeit zur Schau zu stellen. Einige der Jünger hatten auch Johannes, den Täufer, beim Gebet beobachtet. Ohne Zweifel war er aufrichtig, leidenschaftlich, überzeugt und voller Autorität. Was die unterschiedlichen *Formen* des Gebets betrifft, hatten die Jünger bereits gutes Hintergrundwissen. Doch waren sie so von Jesu Art, zu beten, beeindruckt, dass sie darauf bestanden, dass Er ihnen beibringe, was Er wusste. Was war das Besondere, das die Jünger zu Jesu Art, zu beten, hinzog?

Ganz einfach: Während all der Jahre, die sie die unterschiedlichsten Menschen beten sahen, hatten sie niemals jemanden beobachtet, *der solche Ergebnisse erzielte,* wie es Jesus tat!

Gott ist ein „heiliger Pragmatiker". Er ist stets darauf bedacht, Ergebnisse zu erzielen. Wie wir bereits gesehen haben, kann der Pragmatismus gegen die Wahrheit stehen, wenn wir annehmen, dass etwas richtig sein muss, nur weil es kurzfristig funktioniert. Doch *es gibt* einen Pragmatismus, der Gott gefällt. Unser Leben soll etwas für Gott bewirken. Es ist nicht so gedacht, dass wir am Ende unserer Tage genauso wenig an unvergänglichen Werten in unseren Händen halten wie am Anfang.

In Lukas 19 erzählt Jesus von einem wohlhabenden Geschäftsmann, der seine Diener zu sich rufen ließ und jedem von ihnen eine gewisse Summe Geld überließ. Vor seiner Abreise in ein fernes Land gab er ihnen nur diese eine Anweisung: „Treibt Handel mit diesem Geld, bis ich zurückkehre."[2] Das Schlüsselwort in diesem Text ist sehr interessant. Es ist das griechische Wort, von dem wir unser Wort „pragmatisch" herleiten. Es bedeutet, geschäftig zu sein oder zu handeln. Im Grunde genommen sagte der Geschäftsmann in der Geschichte seinen Angestellten Folgendes: „Erwirtschaftet Gewinn, bis ich wiederkomme."

Als er zurückkam, erzählt Jesus, fand der Geschäftsmann heraus, dass zwei der drei Diener ihr Geld angelegt und einen Gewinn erwirtschaftet hatten. Der Dritte hatte seinen Anteil in einem Feld versteckt, wo es – Wunder auch! – nur brach lag. Die ersten zwei Diener wurden für ihre unternehmerische Einstellung gelobt und ihnen wurde mehr anvertraut, das sie verwalten sollten. Der Dritte musste erleben, wie ihm sogar das Wenige, das er besaß, weggenommen wurde. Es war offensichtlich, dass ihm noch nicht einmal wenig anvertraut werden konnte.

Jesus sagte, dass dieses Gleichnis das Reich Gottes beschreibt. Wenn Jesus als Herr des Hauses zurückkommt, erwartet Er, dass wir mit seinem Einsatz Gewinn erwirtschaftet haben. Er möchte sehen, dass wir das, was uns anvertraut wurde, eingesetzt und vermehrt haben.

Alles, was Jesus tat, erzielte Ergebnisse. Wenn Er Menschen heilte, blieben sie gesund. Wenn Er Dämonen austrieb, blieben sie fern (es sei denn, der Mensch kehrte zu seiner sündigen Lebensweise zurück).

Wenn Jesus betete, erzielte Er Ergebnisse. Schaue dir das Gebet Jesu an, als sie den Stein vom Grab des Lazarus wegrollten:

> *Sie nahmen nun den Stein weg. Jesus aber hob die Augen empor und sprach: Vater, ich danke dir, dass du mich erhört hast. Ich aber wusste, dass du mich allezeit erhörst; doch um der Volksmenge willen, die umhersteht, habe ich es gesagt, damit sie glauben, dass du mich gesandt hast.*
>
> Johannes 11, 41-42

Das ist ein wirklich zuversichtliches Gebet. Und Jesu Zuversicht wird noch deutlicher, als Er Lazarus befiehlt, herauszukommen.

Die Jünger hatten noch nie zuvor solch pragmatisches Gebet erlebt, das stets Resultate erzielte. Sie hatten noch nie Gebet erlebt, das jedes Mal das Reich Gottes voranbrachte und Gott dabei berühmt machte. Also baten sie Jesus, ihnen *seine* Art zu beten beizubringen. Gebete, die beweisen würden, was Gott kann. Jesus gab ihnen ein Mustergebet, eine Blaupause, eine Anleitung für pragmatisches Beten, das Ergebnisse erzielt.

Hast du schon mal etwas in einem dieser cleveren skandinavischen Möbelgeschäfte gekauft? Die Möbel sehen großartig aus, wie sie so fertig in der Verkaufshalle stehen, doch leider kann man sie so nicht mit nach Hause nehmen. Du bekommst einen Karton voller Einzelteile und einen Haufen Skizzen und musst dann alles selbst zusammenbauen. Ein Paradies für alle Heimwerker!

Genauso musst du dir auch Jesu Mustergebet vorstellen. Man kann es sich leicht merken und es zeigt dir, wie du Gebete „zimmerst", die Ergebnisse erzielen. Du musst nur der Anleitung folgen.

Geheiligt?

Gleich zu Beginn seines Mustergebets zeigt uns Jesus die zwei Grundlagen des effektiven Gebets:

> *Betet ihr nun so: Unser Vater, der du bist in den Himmeln, geheiligt werde dein Name.*
>
> Matthäus 6, 9

1. Gebet beginnt und endet mit Gott.

Viele christliche Leiter sprechen davon, dass Gott dabei sei, etwas ganz Neues zu tun. Wie könnten sie das wissen?

Das erste Zeichen dafür, dass Gott etwas Neues plant, ist, dass Menschen anfangen, mit neuem Ernst und neuer Leidenschaft zu beten. Bevor Gott sich in einer Stadt oder einem Land bewegt, bewegt Er sein Volk, zu beten.

John Wesley hatte dies verstanden. Er sagte, dass es viele großartige Erweckungen gegeben habe, ohne dass viel gepredigt worden wäre, doch es hätte keine große Erweckung gegeben, ohne dass viel gebetet worden wäre. Und wenn es jemand wissen sollte, dann er. Einige Historiker schreiben es ihm und der Methodistenbewegung zu, dass England eine blutige Revolution erspart blieb. Um 1780 wuchs die Methodistenbewegung allein in den USA von 20.000 auf über 90.000 Menschen. Das ist erstaunliches Wachstum zu einer Zeit, als es keine Massenmedien gab und man nicht in Düsenflugzeugen reisen konnte. Darüber hinaus muss man bedenken, dass die Vereinigten Staaten nicht das Heimatland der Methodisten waren, das war England.

Wesley stand jeden Tag um vier Uhr morgens auf, um zu beten, bevor er um fünf Uhr morgens auf den Feldern zu Arbeitern predigte. Dann stieg er auf sein Pferd und reiste bis zu 6.500 Kilometer jedes Jahr, um zu predigen und zu lehren. Wesley war ein begabter Organisator und Schreiber, doch die Grundlage seiner Arbeit war das Gebet.

Darum geht es: *Gebet heißt, dass Gott uns bewegt, Ihn zu bewegen, sich unter uns zu bewegen!* In Jesaja 43, 19 gab der Herr Israel die gute Nachricht, dass Er trotz ihrer Sünden und Leiden ihren Reichtum wiederherstellen würde:

> *Siehe, ich wirke Neues! Jetzt sprosst es auf. Erkennt ihr es nicht? Ja, ich lege durch die Wüste einen Weg, Ströme durch die Einöde.*

Kurze Zeit später sagt Er ihnen, wie sie auf diese gute Nachricht reagieren sollten:

> *Den ganzen Tag und die ganze Nacht werden sie keinen Augenblick schweigen. Ihr, die ihr den Herrn erinnert, gönnt euch keine Ruhe und lasst ihm keine Ruhe, bis er Jerusalem wieder aufrichtet und bis er es zum Lobpreis macht auf Erden!*
>
> Jesaja 62, 6–7

Mein christlicher Hintergrund hatte mich gelehrt, dass es beim Gebet hauptsächlich darum geht, dass *Gott mir* antwortet. Doch die Bibel sagt uns, dass es im Gebet auch darum geht, dass *ich Gott* antworte. Er kündigt prophetisch an, was Er tun will, Er offenbart mir seine Pläne und Absichten. Dann wartet Er darauf, dass *ich Ihm* antworte.

Hast du jemals an einem Mannschaftssport teilgenommen, bei dem die Leute an den Spielfeldseiten wie wild für dich Partei ergreifen? Wenn deine Seite das Feld heruntereilt oder sich dem gegnerischen Tor nähert, werden die Zurufe lauter und lauter, bis sie richtig schrill werden. Die Menge sieht, wohin du läufst und steht hinter dir.

Gott sucht nach Menschen, die erkennen, worauf Er hinaus will – welche Tore Er schießen möchte – und Ihm dabei zujubeln. Er sucht Menschen, die, nachdem sie wissen, wohin Er sie nehmen möchte, darauf reagieren und sagen: *„Ja*, Gott! Das ist großartig! Komm Gott – mach das! *Ich* bin dabei. Bring' *mich* raus aufs Spielfeld, Herr. Ich bin bereit, für Dich Punkte zu machen!"

Christen auf der ganzen Welt organisieren Gebetstreffen wie noch nie zuvor. Es finden Gebetstreffen in Regierungsgebäuden, in Universitäten und Privathaushalten statt – und sogar in Gemeinden! Es gibt 24-Stunden-, 7-Tage-die-Woche-Gebetsketten, die Fürbitter und Gebetskämpfer über das Internet verbinden. (Eine von ihnen wirbt mit dem Spruch: „Konstantes Getet in allen Ländern, für eine Generation, die im Weltraum verloren ist."[3]) An vielen Schulen versammeln sich Schüler, um für ihre Stadt und ihr Land zu beten. Es gibt Gebetstreffen für Männer, Gebetstage für Frauen und Gebetsveranstaltungen in Fußballstadien. Wer steht hinter diesem neuen Drängen nach gemeinsamem Gebet? Ein ökumenisches Komitee oder einige international tätige Missionsgroßkonzerne? Nein, Gott selbst steht dahinter. Er bewegt uns, Ihn zu bewegen, dass Er unsere Gebete beantworten und sich unter uns bewegen kann!

2. Gebet macht Gott berühmt

Was bedeutet es, jemanden zu heiligen?

Ich erinnere mich an die Zeit, als ich auf meine Frau, Davina, aufmerksam wurde. Damals war sie natürlich noch nicht meine Frau, aber ich kann mich erinnern, wie ich mich für sie zu interessieren begann, dafür, was sie tat und dachte. Es gab auch andere Mädchen zu der Zeit, doch hob sich dieses Mädchen sehr schnell von den anderen „Durchschnittsmädchen" ab – zumindest für mich. Sie war nicht länger ein gewöhnliches Mädchen – sie war etwas Besonderes. Davina war in meinen Augen „geheiligt". Ich dachte die ganze Zeit an sie.

Gebet, wie Jesus es uns lehrte, erhebt Gottes Namen über das Gewöhnliche. Es bewirkt, dass die Menschen wieder über Gott und seine Kraft nachdenken. Wie ehrt Gebet Gottes Namen? Es zeigt, was Er tun kann.

Georg Müller gründete mit die ersten und besten Waisenhäuser Englands. Dieser deutsche Christ übernahm persönlich jeden Tag die Verantwortung dafür, die Kinder und Mitarbeiter zu versorgen und ihnen eine Unterkunft zu bieten. Oft begrüßte ihn einer seiner hingegebenen Mitarbeiter mit der erfreulichen Nachricht, dass sie heute kein Brot oder Wasser für die Kinder hätten.

Was tat Georg daraufhin? Veröffentlichte er einen Nachrichtenbrief, erstellte er eine Datenbank und verschickte er dann den Brief? Kaufte er Sendezeit im christlichen Fernsehen? Nichts dergleichen. Klar, die Technik stand nicht zur Verfügung, aber es gab einen treffenderen Grund: Georg Müller kannte einen weitaus besseren Weg, Resultate zu erzielen. Ganz gleich, was die dringende Not war, er zog früher oder später seinen Mantel an, setzte seinen Hut auf und ging spazieren. Auf seinem Weg zur Tür hinaus sagte er seinen Mitarbeitern: „Ich werde mit dem Vater darüber reden."

Wieder und wieder geschah es, dass Georg Müller von seinem Spaziergang zurückkehrte und eine Ladung Brot geliefert worden war, neue Möbel angekommen waren oder etwas Geld per Post geschickt worden war. Seine Gebete ehrten Gott, denn sie bewiesen, was Er tun kann.

Frage: Wie viele unserer Gebetsanliegen setzen voraus, dass Gott einschreiten *muss*? Viele Menschen verbringen ihre Zeit damit, für Dinge zu beten, um die sie sich auch selbst kümmern könnten:

„Herr, ich brauche einen Freund!"

„Na dann ermutige doch jemanden."

„Herr, ich brauche Geld."

„Dann such dir doch eine Arbeit."

Denke einmal darüber nach: Warum sollte Gott eine Bitte erfüllen, die wir selbst nicht einmal erfüllen wollen, obwohl es in unserer Macht stünde? Diese Gebete ehren Gott nicht. Es geht nicht darum, was *ich* tun kann, sondern darum, was *Gott* tun kann. Es ist nicht falsch, Gott um *Hilfe* zu bitten, wenns um Freundschaft oder Geld geht – ganz im Gegenteil. Es ehrt Gott nur nicht, wenn wir Ihn bitten, sich einzuschalten, wenn wir uns selbst noch nicht einmal die Mühe machen, Zeit zu investieren.

Wofür beten wir, das das übersteigt, was wir als Menschen selbst erfüllen können? Gott wartet darauf, dass wir Ihm die Gelegenheit geben, seine „Muskeln spielen zu lassen". Dass wir für Dinge beten, die nicht geschehen könnten, es sei denn, Gott bringt sie zustande – und glauben, dass Er es tut! Er sucht nach Menschen und Gemeinden, die an Versprechen glauben, die nur erfüllt werden können, wenn sie Gottes Versprechen sind.

Dein Reich.com

Einige Menschen benutzen Gebet wie amazon.com – sie füllen ihren Einkaufswagen mit allem möglichen Schnickschnack, Hauptsache, es funkelt und glänzt, gehen zur Kasse und hoffen, dass Gott es unter seinen Ausgaben verbucht. Ja, wir haben ein Guthaben-Konto bei Gott. Jesus gab sein Leben für uns und das „Guthaben", das Er bei Gott erlangt hatte durch sein Leben im vollkommenen Gehorsam und Glauben, wurde uns durch das Kreuz gutgeschrieben.

Dennoch geht es beim Gebet nicht in erster Linie darum, dass ich bekomme, was ich möchte, sondern darum, dass Gott bekommt, was *Er* möchte. Was möchte Gott? Er möchte sein Reich aufbauen.

Das Reich Gottes war immer die erste Priorität Jesu. Er sprach in den Evangelien mehr als hundert Mal darüber; das Wort, das wir mit „Gemeinde" übersetzen (griechisch: *ekklesia*), erwähnte er nur dreimal. Heißt das, dass Gott die Gemeinde nicht wichtig ist? Ganz und gar nicht – die Ortsgemeinde ist ja der grundlegende Baustein des Reiches Gottes, so wie die Familie der Baustein einer

Nation ist. Jesus selbst machte es sich zur Gewohnheit, zur Gemeinde zu gehen, und der Autor des Hebräerbriefes beharrt darauf, dass wir diese Gewohnheit niemals ablegen sollten.[4]

Jesus zeigt uns hier, dass es für uns in erster Linie darum gehen muss, das Reich Gottes zu bauen. Wir gründen Gemeinden, um das Reich Gottes zu bauen. Wir bauen Unternehmen auf, um das Reich Gottes voranzutreiben. Wir säen Geld, um das Reich Gottes zu unterstützen. Wir erziehen unsere Kinder und geben an sie die Werte des Reiches Gottes weiter. *Es geht alles um das Reich Gottes.* Was genau *ist* also das Reich Gottes?

1. Das Reich Gottes ist, wo Gottes Wille geschieht.

Das Reich Gottes ist geographisch nicht festzumachen. Es gibt auch keinen Reich-Gottes-Flughafen. Das Reich Gottes findest du dort, wo Menschen es sich zum höchsten Ziel gesetzt haben, Gott freudig zu gefallen; wo Menschen selbst in den schwierigsten Situationen beten: „nicht mein Wille, sondern Dein Wille geschehe"[5]; wo Männer und Frauen im echten Sinne der Bibel Wohlstand genießen.

Es wird in einigen Kreisen in der Gemeinde viel von Wohlstand geredet. Wenn du die Bibel ohne religiöse Scheuklappen liest, wirst du feststellen, dass Gott seinem Volk Wohlstand versprochen hat. Es gibt zahlreiche Schriftstellen zu diesem Thema, genug, um ein Buch zu füllen. Dass Gott uns Wohlstand schenken möchte, steht außer Frage – doch wie du Wohlstand *definierst*, ist die Frage. Manche definieren Wohlstand als äußeres Zeichen des Erfolgs, das an Reichtum und Status gemessen wird. Andere gehen ins andere Extrem, für sie besteht wahrer Wohlstand darin, allen materiellen Dingen im Leben entsagt zu haben und in selbstgewählter Armut zu leben. Es *gibt* einen biblischen Maßstab gottgewollten Wohlstands, er ist aber ganz anders. Was *ist* Wohlstand gemäß der Bibel?

3. Johannes 2 ist ein Lieblingsvers vieler Prediger:

> *Geliebter, ich wünsche, dass es dir in allem wohlgeht und du gesund bist, wie es deiner Seele wohlgeht.*

Was hier mit „wohl geht" übersetzt wird, besteht im Griechischen aus zwei kleinen Wörtern. Das erste heißt „gut" und das zweite „Reise" oder auch „Fortschritt". Johannes betet hier, dass die Menschen ‚guten Fortschritt machen', wie ihre Seele ‚Fortschritte macht'. Wie macht die Seele Fortschritte? Auf welcher Reise befindet sich die Seele? Auf der Reise, im Willen Gottes voranzugehen. Unsere Seele macht Fortschritte in Gottes Plan für unser Leben.

Römer 8, 28 ist wahrscheinlich der Lieblingsvers meines Vaters und ein Vers, den ich als Kind oft gehört habe:

> *Wir wissen aber, dass denen, die Gott lieben, alle Dinge zum Guten mitwirken, denen, die nach seinem Vorsatz berufen sind.*

Es ist sehr interessant, dass das Wort „seinem" im Original nicht auftaucht. Wortwörtlich steht dort, dass wir „nach Vorsatz" berufen worden sind. Gott berief dich *nach Vorsatz*, für einen bestimmten Zweck. Du wurdest berufen, anders zu sein, nach einer anderen „Pfeife zu tanzen", dir deiner hohen Bestimmung bewusst zu sein. Es gibt nichts Größeres, als zu wissen, dass wir im Plan Gottes für unser Leben beständig vorwärts gehen. Das ist *wahrer* Wohlstand. Ein Thema, das auch im Hebräerbrief wiederholt wird:

> *Der Gott des Friedens aber ... vollende euch in allem Guten, damit ihr seinen Willen tut, indem er in uns schafft, was vor ihm wohlgefällig ist, durch Jesus Christus, dem die Herrlichkeit sei von Ewigkeit zu Ewigkeit! Amen.*
> Hebräer 13, 20–21

Ein Leben im Wohlstand ist ein Leben, das Gott gefällt. Darum geht es im Reich Gottes.

2. Das Reich Gottes ist dort,
wo die Herrschaft Jesu Leben verändert.

Man könnte sagen, dass man im Reich Gottes Gnade, Gerechtigkeit, Frieden, Gleichheit und Würde findet – und zwar für alle. Das stimmt. Jeder, der im Laufe der Geschichte versucht hat, die Gesellschaft positiv zu verändern, hat auf diese Ideale hingearbeitet. Viele haben versucht, diese Ziele durch Politik,

Wirtschaft, Bildung und dergleichen zu erreichen, mieden allerdings jeden Bezug zu Gott.

Doch es gibt kein Reich ohne den König! Jesus sagte seinen Jüngern, dass das Reich Gottes mitten unter ihnen sei. Es war kein weit entfernter Traum mehr, sondern in der Gegenwart real geworden. Jesus konnte das sagen, da Er das Reich Gottes *in Person* war. Alles, für das das Reich Gottes steht, war in Ihm zusammengefasst.

Das Reich Gottes ist dort, wo die Liebe und die Herrschaft Christi Menschenherzen, Beziehungen und Einrichtungen verändern und Christen in die Gemeinschaft rufen.

Um das Reich Gottes auf der Erde zu verbreiten, muss der Einfluss des Königs ausgeweitet werden – Jesus muss bei jeder Gelegenheit erhoben werden.

Vor einigen Jahren starteten wir eine unserer stadtweiten Evangelisationsveranstaltungen in Tallinn, der Hauptstadt von Estland. In dieser einstigen kommunistischen Festung ist Gemeindewachstum noch immer ein Phänomen und kühne Evangelisationen kennt man dort noch kaum.

Für unsere erste Veranstaltung in dieser Stadt mieteten wir den in diesem Teil Europas größten Nachtclub, der locker über tausend Menschen fassen konnte. Die Christen dieser Stadt waren begeistert, als sie es geschafft hatten, fast tausend Tickets für ihre erste Evangelisation zu verkaufen. Natürlich kamen viele einfach, weil das ihr Club war.

Die gesamte Einrichtung diente unserer groß angelegten und sehr direkten Veranstaltung, in die sehr gute moderne Musik, Hi-Tech-Sound, Lichteffekte, Multi-Media und natürlich eine dynamische Predigt eingebunden waren! Die Atmosphäre in diesem Club knisterte vor Begeisterung und im Laufe des Abends nahm auch die spürbare Gegenwart Gottes zu.

Wir hatten eine großartige norwegische Band dabei und stellten vor Ort eine Band zusammen, die uns in eine Zeit der Anbetung führen sollte. Dann predige ich radikal vom *echten* Jesus (dem, von dem so wenige Europäer gehört haben). Ich lud die Menschen ein, ihr Getränk beiseite zu stellen, sich auf die Tanzfläche zu begeben und dort in einem Gebet ihr Leben Jesus hinzugeben. Mehr als dreißig Menschen gaben ihr Leben an diesem Abend zum ersten Mal Jesus und wurden einzeln einem Mitglied einer guten Ortsgemeinde vorgestellt.

Am nächsten Tag stand ich am Flughafen, wollte meinen Flug nach Hause antreten. Am Check-In-Schalter nahm ein junges Mädchen mein Ticket entgegen und grinste mich auffällig an.

„Sind wir uns schon einmal begegnet?", fragte ich. „Sie kommen mir bekannt vor."

„Das sollte ich auch, ich stand gestern Abend direkt vor Ihnen." Diese junge Dame wurde im Nachtclub Christ.

Eigentlich war sie an jenem Abend nur in den Club gegangen, um zu tanzen oder etwas zu trinken, doch statt Johnnie Walker traf sie Jesus. Sie fand das Reich Gottes nicht in einer Kathedrale oder in einem Lagerhaus, das zu einer Gemeinde umfunktioniert worden war, sondern in einem Nachtclub. Dort fing Jesus an, in ihrem Leben zu herrschen, dort fing Er an, ihr Herz, ihre Beziehungen und ihr gesamtes Umfeld zu verändern.

Liebe Christen, wenn ihr die Gemeinde am Sonntag verlasst, könnt ihr kaum die gesamte Versammlung mit nach Hause nehmen. Und ganz sicher könnt ihr auch nicht Montagmorgen mit der Gemeinde im Schlepptau ins Büro stolzieren. Ihr könnt jedoch den Einfluss des Reiches Gottes – seine Werte und seine Kraft – überallhin mitnehmen. Darum hat Jesus das Reich Gottes an erste Stelle gesetzt.

3. Das Reich Gottes ist dort, wo Menschen mit veränderten Herzen ausziehen, um die Welt zu verändern.

Jesus lehrte seine Jünger, dass das Reich Gottes in sie hineinkäme, wenn sie an Ihn glaubten. „Das Reich Gottes", so sagte Er, ist „mitten unter euch."[6] Man kann dieses Reich nicht betreten, bis es *in* einem ist.

Lass uns Gott berühmt machen

Ist das Reich Gottes in uns hineingeboren, sucht es nach Wegen, *nach außen* zu wirken. Es kann unter keinen Umständen nur *in uns bleiben*. Die Kraft Gottes ist zu majestätisch, zu wunderbar, um in den schwachen irdenen Gefäßen, die wir sind, eingesperrt zu bleiben. Sie sucht fortwährend nach Wegen, das Übermaß der Kraft Gottes der Welt um uns herum zu zeigen.[7] Die Kraft Gottes will aus uns heraus wirken und die Welt zum Guten verändern.

Das meinte auch Paulus, als er schrieb:

> *Daher, meine Geliebten, wie ihr allezeit gehorsam gewesen seid, nicht nur wie in meiner Gegenwart, sondern jetzt noch viel mehr in meiner Abwesenheit, bewirkt euer Heil mit Furcht und Zittern! Denn Gott ist es, der in euch wirkt sowohl das Wollen als auch das Wirken zu seinem Wohlgefallen.*
>
> Philipper 2, 12–13

Wir „bewirken" unser „Heil" nicht damit, dass wir versuchen, es zu analysieren oder zu rationalisieren. Wenn wir der Wahrheit ins Auge sehen, müssen wir zugeben, dass wir niemals vollkommen verstehen werden, warum Gott uns so errettete, wie Er es tat. Wir bewirken unser Heil, wenn wir ihm erlauben, jeden Bereich unseres Lebens zu durchfluten und aus unserem Inneren positiven Einfluss auf unser tägliches Leben und unsere Beziehungen auszuüben.

Viele bekennende Christen reagieren angesichts der sich rasch verändernden Zeiten reflexartig und versuchen, der Realität zu entkommen. Sie wollen der Welt mit all ihrer rohen Leidenschaft und dem rohen Schmerz nicht entgegentreten. Sie leben lieber in einer retuschierten Version der Realität, in der all die scheußlichen Ecken und Kanten übermalt worden sind.

Sie versuchen auch, der Verantwortung zu entkommen, die Verkündigung des Evangeliums voranzutreiben. „Ich brauch' mich nicht so sehr in die Evangelisation einbringen oder persönlich Seelen gewinnen", sagen sie. „Schließlich kommt doch eine Erweckung, bei der die Menschen nur so in das Reich Gottes ‚hineingefegt' werden." (Vergiss nicht, dass Gott niemals etwas tun wird, wozu Er *uns* beauftragt und befähigt hat!)

Auch wenns um den Glauben geht, wollen sie allem Unangenehmen entkommen. „Erzähl' mir nichts davon, dass ich lange Zeit säen soll", jammern sie. „Ich will nur etwas davon hören, wie ich ernten kann."

Und die letzten Tage der Menschheit kommen ihnen gerade Recht. „Warum sollte ich mich abmühen, die Welt zu verändern? Schließlich kommt Jesus bald zurück – und davor kommt der Antichrist."

Einige von ihnen sind besser darin, zu verschwinden, als Harry Houdini! Sie rennen vor der Realität davon und behaupten, das sei ein Leben „im Glauben". Die Bibel lehrt genau das Gegenteil. Wahrer Glaube flieht *nicht* in Fantasievorstellungen und rennt nicht vor den Problemen dieser Welt davon, indem er seinen Kopf in eine Kiste mit christlichen Verheißungen steckt. Wahrer Glaube ist viel robuster und athletischer als das. Dieser Glaube sieht die Tatsachen, schaut dann aber auf die größte „Tatsache", nämlich Gott selbst!

Als David einem fast 3 Meter großen Basketball-Giganten namens Goliath gegenüberstand, versuchte er nicht, die Herausforderung „wegzudenken" („Ich bekenne nicht, das es Goliath gibt, ich bekenne nicht, dass es Goliath gibt …"). David nahm Goliath als Tatsache wahr, doch sah er auch Gott, der lächelte, ihm zuwinkte und sagte: „Auf gehts, mein Sohn. Lass' uns diesen Idioten umhauen!"

Abraham, der „Vater des Glaubens", ist wahrscheinlich das beste Beispiel für dieses Prinzip:

Und nicht schwach im Glauben, sah er seinen eigenen, schon erstorbenen Leib an, da er fast hundert Jahre alt war, und das Absterben des Mutterleibes der Sara und zweifelte nicht durch Unglauben an der Verheißung Gottes, sondern wurde gestärkt im Glauben, weil er Gott die Ehre gab. Und er war der vollen Gewissheit, dass er, was er verheißen habe, auch zu tun vermöge. Darum ist es ihm auch zur Gerechtigkeit gerechnet worden.

Römer 4, 19–22

Abram – oder auch Abraham – sah den Tatsachen ins Auge, doch sah er auch darüber hinaus darauf, dass Gottes Verheißungen erfüllt würden.

In unserer Zeit können wir sehr viel von hingegebenen christlichen Reformatoren wie Mutter Teresa und Martin Luther King lernen. Sie glaubten an das Reich Gottes und arbeiteten leidenschaftlich dafür. Sie bewiesen, dass ein Mensch, dessen Herz durch Hingabe an Jesus radikal verändert wurde, mehr bewirken kann als alle Politiker und Aktivisten zusammen.

Unsere Gebete werden Ergebnisse erzielen und Gott berühmt machen, wenn wir anfangen, die Interessen des Reiches Gottes über unsere eigenen zu stellen. Wenn wir erkennen, dass das Reich Gottes nicht nur im Himmel ist, den wir betreten, wenn wir mal sterben, sondern dass es auch um die Herrschaft Jesu auf der Erde hier und jetzt geht.

4. Das Reich Gottes ist dort, wo Gottes Wort herrscht.

Wenn du, wie viele von uns, viele E-Mails schreibst, weißt du sicher, was ein „Zip-Programm" ist. Wenn ich eine größere Datei verschicken möchte, sagen wir mal, ein Foto oder eine Grafik, verschicke ich sie nicht so, wie sie ist, weil es eine Ewigkeit brauchen würde, sie hoch- und herrunterzuladen. Je nachdem, wo wir sind, würde die Telefonrechnung womöglich ins Unermessliche steigen und wir würden unnötig Zeit verschwenden.

Ich benutze also eine Software, um die Datei zu packen oder zu „zippen", sie auf eine kleinere und umgänglichere Größe zu komprimieren. Wenn die Datei dann bei dir angekommen ist, musst du sie entpacken.

In gewisser Weise ist die Bibel Gottes „Entpack-Programm". Als du Christ geworden bist, hast du die gesamte Kraft des Reiches Gottes durch den Heiligen Geist empfangen. Du wurdest Teil des Reiches Gottes und das Reich Gottes wurde ein Teil von dir. In dir ruht dieselbe Kraft, die Jesus dazu brachte, erstaunliche Wunder zu wirken. Doch könntest du es nicht verkraften, würde die ganze Kraft auf einmal in dir freigesetzt. Es würde in dir einen

Kurzschluss verursachen und aus dir einen Schmorbraten machen. Diese „Datei" ist einfach zu groß für dich.

Also legte Gott die Kraft in „gezippter" Form in uns hinein. Danach reichte er uns das Programm, mit dem wir die Kraft des Reiches Gottes anwenden können, wie wir sie gerade brauchen. Wenn du krank bist, kannst du in der Bibel nachlesen, was sie über Gesundheit und Heilung zu sagen hat. Wenn du dein Verhalten der Bibel anpasst, fängt die Kraft des Reiches Gottes an, sich zu entfalten, und wirkt Heilung in deinem Körper. Wenn du arm bist, kannst du nachlesen, was die Schrift über gottgewollten Segen sagt. Wenn du dann danach lebst, „entpackst" du die Kraft Gottes und empfängst den Segen. Und das gilt für jedes beliebige Thema.

Es gibt viele Christen, die die Kraft des Reiches Gottes nicht wirklich in ihrem Leben erfahren. Oft hängt es damit zusammen, dass sie das Wort Gottes nicht lesen *und* anwenden. Folglich können sie die darin enthaltenen Prinzipien nicht auf ihr Umfeld anwenden. Gott hat nichts in den Händen, um seine Kraft im Leben dieser Menschen zu „entpacken". Wir machen Gott berühmt und unsere Gebete werden beantwortet, wenn wir größeren Wert auf *Gehorsam* als auf *Bequemlichkeit* legen.

[1] Jakobus 4, 2–3
[2] Lukas 19, 12–13
[3] www.24-7prayer.com
[4] Lukas 4, 16 und Hebräer 10, 25
[5] Lukas 22, 42
[6] Lukas 17, 21
[7] 2. Korinther 4, 7

7

Lebe, als wärst du schon tot

Wir schreiben das Jahr 1956. In Amerika lassen junge Menschen die Sorgen ihrer kriegsgeschädigten Eltern hinter sich. Sie hungern danach, Spaß zu haben und das Leben zu genießen. Sie tanzen schon zu ganz neuer Musik. Zuerst sind es glückliche Momente in Unschuld und Spaß. Mit der Zeit jedoch verführt der Zeitgeist der Genusssucht sie dazu, mit sinnesverändernden Drogen zu experimentieren und sich einzureden, dass es so etwas wie „freie Liebe" wirklich gibt.

Während Babylon um sich greift, hören fünf junge Christen den Ruf Gottes. Es ist ein fordernder Ruf, ein gefährlicher und ein lebensverzehrender Ruf. Daher wissen sie, dass er von Gott ist. Jim Elliott ist einer der fünf. Er weiß, was er zu tun hat. Gott beruft ihn, die Botschaft von Jesus zu einigen der abgelegendsten Stammesvölker in Südamerika, den Auca-Indianern (auch als Huaorani *bekannt) in Ekuador, zu bringen. Diese Menschen haben so gut wie noch nie einen Weißen gesehen, geschweige denn von Jesus Christus gehört.*

Im einfachen Gehorsam machen sich Jim und seine Gefährten auf den Weg zu ihrem Missionsfeld. Sie sind sich der Gefahr bewusst, doch schreiten weiter voran in eine Gegend, in der noch nie zuvor ein Christ gewesen ist.

Bei einem ihrer ersten Streifzüge durch den Dschungel werden sie von mit Speeren bewaffneten Kriegern aus dem Hinterhalt überfallen. Fünf junge Christen sterben an diesem Tag.

Ihre Leichen werden zurück in die USA geflogen, wo die Medien die Geschichte aufgreifen. Die Menschen sind schockiert, dass so etwas in modernen Zeiten geschehen konnte, wo diese jungen Amerikaner den Menschen in den vergessenen Ecken der Erde doch nur Hoffnung bringen wollten.

Lass uns Gott berühmt machen

Einige Monate nach der Beerdigung von Jim Elliott trat ein Freund zögernd an die junge Witwe heran. Ihm brannte eine Frage auf der Zunge, doch traute er sich kaum, sie auszusprechen.

„Es gibt da etwas, was ich nicht verstehe", stotterte er. „Ich kann es mir einfach nicht erklären. Wie gehst du mit der Tatsache um, dass Jim damals im Dschungel getötet wurde? Mit der Art, auf die er gestorben ist? Wie kannst du das nur verkraften?"

Die junge Witwe schaute ihm in die Augen, zögerte kurz und antwortete: „Mein Jim starb nicht an jenem Tag im Dschungel."

Die Trauer ist einfach zu groß für sie, dachte er. Sie ist nicht in der Lage, der Realität ins Auge zu sehen. Aber wer würde ihr das übel nehmen?

„Nein, Jim starb nicht im Dschungel", fuhr sie fort. „Jim starb eines Abends während seiner Schulzeit, als er an seinem Bett kniete und betete. Er sagte damals: ‚Jesus, wenn Du all das für mich getan hast, dann gibt es nichts, was ich für Dich tun könnte, um diese Schuld abzubezahlen. Ich verpflichte mich hier und heute, zu gehen, wohin Du möchtest, und zu tun, was Du möchtest. Ich gehöre Dir, mach' mit mir, was Du willst.'"

Sie hielt inne und sagte dann: „Dort starb mein Jim."

Was verändert Städte und formt die geistliche Beschaffenheit ganzer Nationen und Generationen? Nicht unsere christliche Musik, ganz egal, wie gut sie auch sein mag; nicht unsere niveauvollen Konferenzen oder die evangelistischen Hi-Tech-Programme; auch nicht unsere Satelliten-Programme. All das ist gut, doch was unsere Welt *wirklich* verändern wird, sind *Christen, die so leben, als seien sie bereits gestorben!*

Die Welt hält Ausschau nach Jüngern Jesu, die so leben, wie Er es tat – mit einem Herzen, das sich gerne aufgibt und verleugnet. Nicht Menschen, die *todlangweilig* sind, sondern *sich selbst und der Sünde tot* sind. Menschen, die wirklich für Gott leben.[1] Wir dienen Menschen verschiedener Altersgruppen, von den Baby-Boom-Kindern über die Generation X bis hin zur Generation Next, die mit den größten Spezialeffekten der Filmgeschichte aufwachsen. Menschen, die mit ihrer digitalen Spielekonsole spielen und den Unterschied zwischen Phantasie und Realität, zwischen echt und falsch kennen. In so einer Zeit sind die Menschen sehr empfindsam und wissen, was echt ist und was nicht. Wer macht Gott in einem Zeitalter wie diesem berühmt? Die, die leben, als gehörten sie nicht sich selbst, sondern als seien sie um einen Preis erkauft worden.[2]

Da weht ein anderer Wind

Wir haben uns bereits das Gebet angesehen. Ohne die Angewohnheit, zu beten, gibt es keinen prophetischen Lebensstil, keine Offenbarungen im Alltag und Gott wird nicht berühmt gemacht. In einer Zeit, in der die Menschen geistlich verkrüppelt sind, weil sie sich so auf rationales Denken und den Humanismus stützen, durchdringt die Offenbarung jede Täuschung und macht somit Gott berühmt.

Wie wir bereits gesehen haben, gibt es eine Art zu beten, die Ergebnisse erzielt und den Namen Gottes ehrt oder „heiligt". Sie beweist, was Gott tun kann, und öffnet den Himmel für die praktische Kraft der Offenbarung. Diese Art des Gebets war im Zentrum dessen, was Jesus uns im „Vater Unser" lehrte. Folgenden Vers lassen wir oft weg:

> *... dein Reich komme; dein Wille geschehe, wie im Himmel so auch auf Erden!*
>
> Matthäus 6, 10

Wie wird Gottes Wille im Himmel gehandhabt? Haben sie dort einen himmlischen Debattierclub, in dem die Engel Gottes das Pro und Kontra gegeneinander abwägen, um herauszufinden, ob sie Gottes Befehle ausführen?

„Heute lautet das Diskussionsthema wie folgt: Sollen wir dem Befehl des Allmächtigen gehorchen oder nicht? Was dafür spricht, erläutern gleich die Cherubim, was dagegen spricht, die Seraphim. Lasst uns jetzt beginnen ..."

Läuft es so? Oder führen die Hauptengel Meinungsumfragen durch, um festzustellen, ob die Mehrheit tun möchte, was Gott sagt?

Lass uns Gott berühmt machen

Im Himmel wird der Wille Gottes ohne weitere Fragen ausgeführt, im Glauben. Die Engel verstehen nicht immer, was Gott tut oder plant. Sie können nicht wirklich verstehen, warum Gott *uns* zum Beispiel so sehr liebt – genauso wenig, wie wir.[3] Nichtsdestotrotz gehorchen sie Ihm, ohne Fragen zu stellen.

Seien wir mal ehrlich – wir befinden uns die meiste Zeit über in der gleichen Lage wie die Engel, nur noch mehr als sie! Wir verstehen es einfach nicht. In Jesaja 55, 9 sagt Gott:

> *Denn so viel der Himmel höher ist als die Erde, so sind meine Wege höher als eure Wege und meine Gedanken als eure Gedanken.*

Im hebräischen Text heißt es übersetzt etwa so: „Wie der Himmel *hoch* über der Erde *schwebt*, so *schweben* auch meine Methoden und Pläne *hoch* über euren."

Das ist unser Problem. Wenn Gott zu uns spricht, verstehen wir oft entweder seine Pläne nicht oder uns passt nicht, wie Er sie zustande bringen will. Abraham verstand es nicht, als Gott ihm sagte, er solle seinen eigenen Sohn als Opfer darbringen. Dennoch gehorchte er Ihm.[4] Joshua verstand es auch nicht wirklich, als Gott ihm auftrug, sieben Tage um Jericho zu marschieren. Dennoch gehorchte er.[5] Jesaja konnte nicht erfassen, was Gott ihm über den leidenden Messias zeigte. Schließlich war er gelehrt worden, dass der Messias dazu vorherbestimmt war, auf dem Thron Davids zu regieren.[6] Trotzdem gehorchte er und verfasste eine der ergreifendsten Textstellen, die wir kennen – Jesaja 53.

Das Meiste, was er in seiner Vision der Endzeit sah, begriff Daniel nicht.[7] Joel hatte keine Ahnung, was Gott meinte, als Er ihm die Ausgießung des Heiligen Geistes auf alles Fleisch versprach.[8] Schließlich waren die Israeliten Gottes auserwähltes Volk und nicht die Heiden. Der Apostel Johannes konnte nicht wirklich verstanden haben, was Gott ihm auf der Insel Patmos in seinen Visionen zeigte.[9] Dennoch gehorchten diese Menschen ausnahmslos und hinterfragten Gott nicht. Sie vertrauten Gottes Integrität und Weisheit mehr als dem, was sie für richtig oder angemessen hielten. Aus diesem Grund nennt sie Gott „Glaubenshelden".

Was *ist* Glaube? Glaube heißt, unsere Entscheidungen Gottes Entscheidungen anzupassen, *besonders*, wenn wir seine Wege nicht verstehen oder wenn wir das Ergebnis nicht unter Kontrolle haben. Viele Christen gehorchen, solange sie das Gefühl haben, das Endergebnis in der Hand zu haben. Wahrer Glaube fordert uns heraus, unser Recht auf Kontrolle abzugeben.

Als wir erschaffen wurden, waren wir dazu bestimmt, uns an Verantwortung zu freuen, ohne die Last zu tragen, letztendlich die Kontrolle zu behalten. Unsere Beziehung zu Gott sollte unsere Sicherheit sein, während Er uns erlauben würde, über seine Schöpfung zu herrschen, als Könige und Königinnen zu regieren und die Zukunft zu gestalten.[10] Doch die Sünde ruinierte alles. Im Grunde genommen geht es bei jeder Sünde darum, die *Kontrolle* zu behalten. Es geht darum, dass Menschen versuchen, Dinge zu kontrollieren, die nur Gott kontrollieren kann oder soll. Darum ist es auch eine Sünde, sich Sorgen zu machen, weil das eine Form der Ersatzkontrolle ist. Wenn wir uns Sorgen machen, versuchen wir, Dinge zu verändern, die eigentlich außerhalb unseres Einflussbereiches liegen. Wir rechnen die Dinge in unserem Kopf durch, suchen nach der richtigen Kombination und weigern uns, Gott die Kontrolle zu überlassen. Es ändert wirklich *nichts*.

Ebenso ist Bitterkeit eine Sünde. Nicht nur, weil sie Beziehungen zerstört, sondern weil es hierbei auch um Kontrolle geht. Ich kann das, was mir jemand angetan hat, oder seine Einstellung mir gegenüber nicht verändern, also spiele ich mit Rachegedanken – man spielt mit dem Zauberwürfel in seinen Gedanken, stellt sich alle möglichen Kombinationen und Konstellationen vor, in denen man siegt und sich rächt. Doch erreiche ich in Wirklichkeit *nichts*, außer, dass ich mich weiter vom Wesen Gottes entferne. Uns wird lediglich eine Fälschung angeboten, eine Ersatzform der Kontrolle. Ich versuche, eine Situation zu kontrollieren, die nur Gott lösen kann.

Gebet erzielt Resultate und macht Gott berühmt, wenn wir Gottes Stimme ohne zu hinterfragen gehorchen und Ihm die Kontrolle überlassen.

Das fehlende Glied

Unser tägliches Brot gib uns heute …

Matthäus 6, 11

Ich weiß nicht, ob es dir jemals aufgefallen ist, aber es fehlt etwas Wichtiges im „Vater Unser". Man sollte meinen, dass wenigstens der Sohn Gottes etwas übers Beten weiß. Doch Er ließ einen sehr wichtigen Teil aus. Er ist so wichtig, dass die meisten Christen mindestens die Hälfte ihrer Gebetszeit damit verbringen.

Du findest kein einziges Fragezeichen im „Vater Unser". Jesus verschwendete keine Zeit mit Fragen wie „*Ist es Dein Wille*, mir das tägliche Brot zu geben?", oder: „*Ist es Dein Wille*, mir meine Sünden zu vergeben?". Viele verbringen einen Großteil ihrer Gebetszeit damit, Fragen zu stellen wie „Ist dies Dein Wille?" und „Ist das Dein Wille?".

Das Mustergebet Jesu besteht aus einer Reihe fester Aussagen, die auf dem beruhen, was das Wort Gottes bereits verheißen hat. Der Vater hatte bereits einen Bund geschlossen, innerhalb dessen Er uns mit Nahrung versorgt.[11] Er hatte sich bereits verpflichtet, uns vor unseren Feinden zu beschützen.[12] Wir haben sein Wort, dass Er uns freizügig vergibt, wenn wir zu Ihm umkehren.[13] Als Jesus um diese Dinge betete, stellte Er sich auf die Versprechen, die Gott seinem Volk gegeben hatte.

Es ist Gott lieber, wir beten im Glauben gemäß dem, *was wir wissen*, als dass wir unsere Zeit damit verschwenden, im Zweifel zu beten, weil wir manche Sachen *nicht wissen*. Natürlich ist es nicht falsch, Gott zu fragen – schließlich hat Er alle Antworten. Doch ist es nicht produktiv, wenn wir 50 Prozent unserer Gebetszeit damit verbringen.

Wie ich bereits vorher erwähnte, hat Gott uns ein „Internet des Geistes" zur Verfügung gestellt. Wir können dort Gottes Verheißungen und Ressourcen herunterladen und sie dann erleben. Mein Glaube ist das „Modem", um mich mit seinen Verheißungen zu verbinden. Wenn mein natürliches Modem eingeschaltet ist, zeigt mir ein Indikator am PC an, dass es funktioniert. Wie aber kann ich feststellen, ob mein Glaube funktioniert und sich zu den Verheißungen Gottes ausstreckt?

Ein Anzeichen dafür ist *Kühnheit*. Das „Vater Unser" wurde mit völliger Zuversicht gesprochen. Ob Jesus zu einem Sturm sprach, einen Toten auferweckte, Wucherer aus dem Tempel hinauswarf oder gegen religiöse Heuchelei lehrte – alles, was Er tat, tat Er *kühn*.

Die Apostel waren auch für ihre Kühnheit bekannt. Apostelge-schichte 4, 13 sagt:

> *Als sie aber die Freimütigkeit des Petrus und Johannes sahen und bemerkten, dass es ungelehrte und ungebildete Leute seien, verwunderten sie sich; und sie erkannten sie, dass sie mit Jesus gewesen waren.*

Was ließ diese Typen wie Nachfolger Jesu aussehen? Es war ihre Kühnheit. Es lag an ihrem Mut, der nicht erlernt war oder ihrem Charisma entsprang, sondern ihrer lebendigen Verbindung mit Jesus. Sie wussten, dass sie so kühn sein konnten, wie Er es gewesen war, solange sie die Werke Jesu taten. Sie standen auf festem Boden. Mutter Teresa wurde einmal gefragt, was sie davon hielte, für ihre Arbeit Geld zu sammeln. Sie antwortete: „Solange ich die Werke Jesu tue, wird das Geld fließen. Wenn das Geld nicht mehr fließt, weiß ich, dass ich anscheinend nicht mehr seine Werke tue." Mutter Teresa war keine 1,50 Meter groß. Doch sie war kühn und streckte sich nach den Verheißungen Gottes aus.

Ein weiteres Zeichen dafür, dass unser Glaube aktiv ist, ist *Durchhaltevermögen*. Das „Vater Unser" sollte immer wieder gesprochen werden. Wir sollten ja um unser *tägliches* Brot bitten und nicht um Großlieferungen, die einen Monat reichen.

Wenn eine Frau schwanger ist, weiß sie, dass sie dem Baby kein Zeitlimit für seine Ankunft geben kann. Wenn die Geburt natürlich sein soll, kommt das Baby auf die Welt, wenn es „fertig" und bereit ist. Die Mutter kann nicht ins Krankenhaus auf die Entbindungsstation gehen und zum Baby sagen: „Okay, Baby, du hast zehn Minuten. Dann gehe ich nach Hause und schaue fern!"

Für eine bestimmte Sache zu beten, ist mit der Schwangerschaft vergleichbar. Wenn wir beten, geben wir jedes Recht, Fristen zu setzen, auf. Wir müssen weiter beten, bis die Antwort kommt oder

Gott uns seinen Willen klarer zeigt und wir das Gebet anpassen können. Wir dürfen nicht aufhören, zu beten, bis die Antwort geboren worden ist.

Tu, was du tun kannst

... und vergib uns unsere Schulden, wie auch wir unseren Schuldnern vergeben haben.

Matthäus 6, 12

Jesus lehrte immer wieder, dass wir nicht erwarten sollten, dass Gott uns vergibt, wenn wir anderen nicht vergeben. Gleich nach seinem Mustergebet sagte Er Folgendes:

Denn wenn ihr den Menschen ihre Vergehungen vergebt, so wird euer himmlischer Vater auch euch vergeben; wenn ihr aber den Menschen nicht vergebt, so wird euer Vater eure Vergehungen auch nicht vergeben.

Matthäus 6, 14–15

Ganz gleich für was du betest, das gleiche Prinzip gilt immer. Du musst dich fragen: Steht mein Leben im Einklang mit meinem Gebet? Wie kann ich meinen Teil tun? Gibt es etwas, das ich ändern muss, um mitzuwirken, dass die Antwort kommen kann?

Auf Gottes Verheißungen zu stehen und sich nach ihnen auszustrecken, beinhaltet mehr, als sie nur in unseren Gedanken festzuhalten. Es muss etwas unternommen werden, Handlungen müssen folgen, die der Verheißung Raum schaffen und dein Leben auf ihre Erfüllung vorbereiten.

Wenn ein Mann und eine Frau erfahren, dass sie Eltern werden, setzen sie sich nicht gemütlich aufs Sofa und sagen: „Wird das nicht wunderbar werden, wenn das Baby da ist? Bis dahin bleiben wir hier sitzen und trinken Tee." Es müssen Veränderungen im Haus vorgenommen werden. Zuerst muss natürlich das Kinderzimmer hergerichtet werden. Man kann ein Baby nicht aus dem Krankenhaus nach Hause bringen und in einem Karton auf den Fernseher legen. Man muss einiges vorbereiten, um den Neuankömmling unterzubringen.

Wenn wir anfangen, für etwas zu beten, müssen wir unser Leben auf die Antwort vorbereiten. Wenn wir wegen einer finanziellen Not beten, so sollten wir überprüfen, wie und wofür wir Geld ausgeben, und schauen, ob wir auf unser Budget achten. Wenn ich mehr ausgebe, als ich verdiene, oder blindlings meine Kreditkarte belaste, kann ich nicht erwarten, dass Gebet allein mein Problem löst. Wenn ich wegen Problemen in meiner Ehe bete, sollte ich in Betracht ziehen, vielleicht mehr Zeit mit meinem Partner zu verbringen. Wenn ich wegen Problemen mit meinen Kindern bete, sollte ich vielleicht mehr Zeit mit ihnen verbringen oder ihnen aufmerksamer zuhören.

Sich auf die Antwort vorzubereiten, kann bedeuten, einige Dinge *aus* meinem Leben *entfernen* zu müssen. Das können Hindernisse wie ein verbitterter Geist oder eine zynische und negative Einstellung sein. Sowas verursacht eine Störung in der „Telefonleitung" und erschwert es meinem „Modem", die Verheißungen Gottes „herunterzuladen".

Sich auf die Antwort vorzubereiten kann auch bedeuten, Neues in mein Leben *aufzunehmen*. Beispielsweise könnte es heißen, sich anzugewöhnen, sich anders zu verhalten, als man es bisher tat, anders zu denken, als man es gewohnt war, und anders zu sprechen.

Ich habe schon angesprochen, wie ich mich fühlte, als Gott uns berief, Australien zu verlassen und in Westeuropa neu zu beginnen. Wir bekamen prophetische Worte, wir hatten Verheißungen aus der Bibel und klare Anzeichen im Natürlichen – alles deutete darauf hin, dass Gott in unserem Leben etwas Neues tun wollte. Eines der vielen Worte, die Gott uns gab, war das folgende einfache Wort aus der Bibel:

> *Fahre hinaus auf die Tiefe, und lasst eure Netze zu einem Fang hinab!*
>
> Lukas 5, 4

Davina und ich hielten wunderbare Verheißungen des Herrn in der Hand, aber wir konnten uns überhaupt nicht vorstellen, wie Gott sie denn erfüllen könnte. Schließlich ist Europa für einen Australier das „Ende der Welt". Ein Umzug dieser Größenordnung bedeutet unweigerlich, ganz von vorne anfangen zu müssen. Trotz

unserer Nervosität fingen wir an, das „Kinderzimmer" einzurichten.
Ich wurde als Sprecher auf einige große Konferenzen, in einige
Gemeinden und zu einigen Veranstaltungen in ganz Europa ein-
geladen. Alle Veranstaltungen fanden innerhalb vier Monaten statt.
Wir planten auch einen Missionseinsatz in Belfast in Nordirland,
einem Ort, der mir aufgrund der dortigen Schwierigkeiten schon
lange auf dem Herzen lag.

Normalerweise hätte ich einige der Einladungen abgelehnt, doch
wir entschieden uns, Gott Raum zu schaffen, den Er nutzen konnte,
uns in unserer Bestimmung voranzubringen. Also wohnten wir
vier Monate lang in Europa, nahmen unsere Kinder von Land zu
Land mit, ganz nach unserem hektischen Dienstplan. Die ganze
Zeit baten wir: „Gott, gib uns deutliche Zeichen, an denen wir
erkennen können, dass Du etwas für uns in Europa vorbereitest."

Während dieser kostspieligen und oft ermüdenden Reise öffnete
der Herr einige Türen auf wundersame Weise, die es uns später
ermöglichten, als Familie langfristig umzusiedeln. Wenn wir nicht
diesen ersten großen Schritt unternommen hätten, wären wir
nicht „online" gewesen, als die Verheißung eintrat. Wir hatten uns
auf Gottes Verheißung eingestellt und dementsprechend gehandelt.

Denk dran: Gott wirkt, wenn Du nicht mehr kannst. Nur wenn du
alles getan hast, was du kannst, kommt Gott und übernimmt den
Rest. Unsere Gebete ehren Gott und beweisen seine Macht und
sein Wesen, wenn wir im Einklang mit unseren Gebeten handeln.

Wie man den Mond nicht verliert

Jesus sagte weiter in seinem Gebet:

> *Und führe uns nicht in Versuchung, sondern errette uns
> von dem Bösen!*
>
> Matthäus 6, 13

Einer meiner Lieblingsfilme ist ganz klar *Apollo 13*. Er erzählt die
wahre Geschichte eines Mannes, der davon träumte, einmal den
Mond zu betreten. Es war sein Traum von Kindheit an. Schon
damals starrte er in den Nachthimmel und stellte sich vor, wie
seine Füße den Mondstaub aufwirbeln würden.

Die Zeit verging und ihm wurde angeboten, seinen Traum zu verwirklichen. Er wurde Testpilot und später Astronaut. Etwas später durfte er ein Raumfahrzeug anführen, das auf dem Mond landen sollte.

Doch sein Traum wurde zu einem Albtraum. Sein Raumschiff geriet mitten auf der Strecke außer Kontrolle. Die NASA fragte sich tagelang, ob man die drei Astronauten jemals wieder heil zur Erde zurück bringen könnte.

Im Spielfilm blickt der Commander, gespielt von Tom Hanks, aus dem Fenster auf den Mond und ihm wird klar, dass sein Traum niemals wahr werden wird. „Meine Herren", sagt er, „wir haben soeben den Mond verloren." Was war die Ursache des Problems an Bord? Hatte ein riesiger Komet das Schiff gerammt? Hatte eine massive Explosion das Schiff auseinander gerissen? Nein, das Problem fing mit einem undichten Ventil an. Ein winziges Problem führte zu einem größeren, das führte wiederum zu einem weiteren Problem und so weiter.

Der Traum blieb unerfüllt, eine mehrere Millionen Dollar teure Raumfahrtmission wurde abgebrochen und Milliarden von Menschen auf der ganzen Welt bangten tagelang um das Leben der drei Astronauten. Und das alles wegen eines undichten Ventils.

Das biblische Wort „Sünde" bezeichnet genau genommen den Missbrauch unserer gottgegebenen Entscheidungsfreiheit. Wenn ich mich für Dinge entscheide, die im Einklang mit Gottes Charakter und seinem Wesen stehen, wird mein Leben reich und gesegnet sein.[14] Wenn ich mich jedoch von diesen Entscheidungen abwende, wird mein Leben vielleicht eine gewisse Zeit Spaß machen, letztendlich aber in der Trennung von Gott enden.[15]

Drei Aspekte gelten für Sünde immer:
- Sünde treibt dich immer weiter, als du es ursprünglich wolltest. Du kannst nicht bestimmen, wie weit dich Sünde gehen lässt.
- Sünde vereinnahmt dich immer länger, als du es eigentlich geplant hattest. Du kannst nicht bestimmen, wie lange dich Sünde beeinflusst.
- Und Sünde kostet dich immer mehr, als du bezahlen willst. Du hast es nicht in der Hand, wie viel dir die Sünde wegnimmt.

Das Schlimme an Sünde ist nicht, was sie deinem Leben *zufügt*, sondern was sie deinem Leben *raubt*. Sünde sorgt dafür, dass du Gott weniger ähnelst; sie verzerrt das Ebenbild Gottes in dir. Wenn du Christ bist, verschmutzt sie das gerechte Wesen, das Jesus dir geschenkt hat.

Kurz vor seinem Tod sagte Jesus seinen Jüngern:

> *Ich werde nicht mehr vieles mit euch reden, denn der Fürst der Welt kommt; und in mir hat er gar nichts; aber damit die Welt erkenne, dass ich den Vater liebe und so tue, wie mir der Vater geboten hat. – Steht auf, lasst uns von hier fortgehen!*

Johannes 14, 30–31

„… und in mir hat er gar nichts …" Jesus konnte selbst dem Tod am Kreuz mit Zuversicht entgegensehen, weil Er wusste, dass Er und der Teufel *nichts gemeinsam hatten*. Satan hatte keinen *Anspruch* auf sein Leben, kein Recht, Ihn der Sünde anzuklagen, und konnte keine moralische Schwäche finden.

Unsere Gebete werden Resultate erzielen und Gott berühmt machen, wenn wir Abstand halten vom Teufel, dem Bösen, und uns um jedes undichte Ventil in unserem Leben kümmern, die winzigen Kompromisse, die unsere Träume zunichte machen können.

[1] Römer 6, 11
[2] 1. Korinther 6, 20
[3] 1. Petrus 1, 12
[4] Hebräer 11, 17–19
[5] Josua 6
[6] Jesaja 53
[7] Daniel 10–12
[8] Joel 3, 1–2
[9] Das Buch der Offenbarung
[10] 1. Mose 1, 28
[11] 5. Mose 28, 4–5
[12] 5. Mose 23, 15
[13] Jesaja 55, 7

[14] 5. Mose 28, 1–13
[15] Siehe Sprüche 14, 12 und Hebräer 11, 25

Im Wald, da war ein Weg,
der Weg lief auseinander,
und ich – ich schlug den einen ein,
den weniger begangnen,
und das war der ganze Unterschied.

Robert Frost
The Road not Taken, 1916

Lass uns Gott berühmt machen

Über Jahrhunderte hinweg hatten christliche Werte und Lehren einen tief greifenden Einfluss auf die Welt der Kunst. Mit der Zeit jedoch haben wir an Einfluss verloren.

Wenn wir als Christen Einfluss ausüben möchten, Gott in unserer säkularen Welt berühmt machen möchten, braucht es mehr, als nur privat stark und hingegeben zu sein. Obwohl das Reich Gottes durch den Heiligen Geist *in* uns *hinein* geboren wurde, möchte Gott nicht, dass seine Kraft in unserem Herzen oder unserem Privatleben allein *bleibt*.

In jedem Buch dieser Serie erörtere ich einen Bereich, in den wir als Christen zurückkehren müssen, um auf unsere postmoderne Welt einen Einfluss auszuüben. Ich werde mich damit beschäftigen, warum wir den Boden, den wir verloren haben, zurückgewinnen müssen und wie dies zu tun ist. Ich will darlegen, wie einzelne Christen einen Unterschied machen *können*.

In diesem Teil geht es um Christentum und die Kunst. Vielleicht bist auch du ein Künstler, egal in welcher Form – sei es mit Worten, Bildern, Grafiken, Filmen, Computeranimationen oder was auch immer. Dann gilt dieser Abschnitt eindeutig dir! Andererseits magst du vielleicht denken: „Das betrifft mich nicht. Ich bin kein Künstler." Selbst wenn du dich selbst nicht als Künstler bezeichnest, so bist du dennoch kreativ. Gott hat dir die Fähigkeit geschenkt, sein innovatives Wesen auf die eine oder andere Art auszudrücken, sei es durch deine Tätigkeit als Geschäftsmann, durch deinen Beruf, deinen Dienst oder dadurch, dass du deine Familie baust. Diese gottgegebene Kreativität freizusetzen macht Gott berühmt. Der folgende Abschnitt gilt dem *gesamten* kreativen Volk Gottes.

Mal Fletcher

8

Wo sind nur
die Künstler geblieben?

Endlich! Wir sind da. Wir hatten bereits einige Zeit in einer Schlange vor dem Gebäude gewartet und versucht, uns an diesem launischen Frühlingstag in Amsterdam irgendwie warm zu halten.

Grant, mein Sohn, und ich sind nun endlich im berühmten Van-Gogh-Museum. Wir starren zusammen mit einer Horde anderer Besucher auf eine Wand mit Van Goghs Gemälden. Sie sind beeindruckend. Was uns wirklich erstaunt, ist, wie unglaublich lebendig Van Gogh Farbe eingesetzt hat. Dieser Mann muss wohl ein paar extra Verknüpfungen in seinem Gehirn gehabt haben. So konnte er Farbnuancen und Schattierungen erkennen, die uns Normalsterblichen entgehen.

Ich stehe da und ja, ich hatte bereits die Posterdrucke gesehen, doch die Originale rauben mir doch den Atem.

Als wir das Gebäude wieder verlassen, schweift mein Blick über die stetig wachsende Schlange vor dem Museum. Ich komme nicht umhin, mich zu fragen, warum sich solche Schlangen nicht auch vor unseren Gemeinden bilden.

In den letzten zwanzig Jahren erlebte die Welt der Kunst ihre eigene Renaissance und es sieht nicht so aus, als ließe die Begeisterung für Kunst nach. Hotels, Restaurants und Kinos stellen Kunstwerke aus und verkaufen sie, Kunst-Auktionen im Internet laufen wirklich gut.

Leider ist Kunst für viele Gemeindeleiter etwas, das „da draußen" existiert, etwas, für das die Gemeinde nicht zuständig ist und das sie nicht zu interessieren hat. In vielen Teilen der Gemeinde haben wir unseren Einfluss in einem Bereich, der die Gedanken und Werte der Menschen formt, aufgegeben. Unsere Kultur leidet darunter, dass wir das Predigen vom Marktplatz und die Kunst aus der Gemeinde entfernt haben.

Wenn wir Gott in der westlichen Kultur wieder berühmt machen wollen, *müssen* wir, wenns um Einfluss in der Kunst geht, wieder an Boden gewinnen.

Warum mögen wir Kunst?

Was tut die Kunst uns Gutes? Warum kaufen wir Kunstwerke, schauen sie uns an und lieben es, sie um uns zu haben? Ich nehme an, dass es Menschen gibt, die, weil sie dazu in der Lage sind, Kunst in erster Linie als Investition sehen. Aber was genau gibt der Kunst diesen Wiederverkaufswert?

Im Alltag sprechen wir von „Kunst", wenn wir davon reden, dass jemand etwas Ästhetisches oder Schönes hervorgebracht hat, insbesondere in der Literatur, in der Musik, im Theater, in der Malerei, der Bildhauerei und in der Architektur.

Geschichtlich gesehen gibt es zwei bedeutende Ansätze, die bestimmen, wie wir Kunst sehen. Aristoteles lehrte, dass es um die „mimesis", also die „Imitation", geht. Wir empfinden Kunst als angenehm, wenn sie die Welt, wie wir sie kennen, möglichst genau wiedergibt. Traditionelle Portraits und Landschaftsbilder sind gute Beispiele für diesen Ansatz.

Plato wiederum lehrte, dass Künstler von den *Musen* – Gott oder inneren Gefühlen und Impulsen – inspiriert werden, etwas auszudrücken, das unsere natürlichen Sinne übersteigt. Die Kunst drückt ewige Wahrheit aus, tiefe Emotionen und in gewissem Maße das Wesen der Zeit, den *Zeitgeist*, wie die Deutschen es nennen. Abstrakte Kunst und andere Formen der modernen Kunst sind gute Beispiele für die Rolle der Kunst, uns auf etwas Tieferes hinzuweisen, als was wir in der Natur sehen. Natürlich kann selbst die traditionelle Portraitmalerei unsere Gefühle aufwühlen und uns an „einen anderen Ort" versetzen. In diesem Sinne könnte man sagen, dass jedes Kunstwerk „inspiriert" ist.

Kunst kann unsere Gefühle tief berühren. Mal amüsiert sie uns, mal provoziert sie, mal besänftigt sie uns, mal bringt sie uns aus der Fassung. Bernard Berenson schrieb 1897 Folgendes über die Kunst: „Nicht was die Menschen wissen, sondern was sie fühlen, interessiert die Kunst. Alles andere ist Wissenschaft."

Die Kunst berührt uns in einem Bereich, den die Bibel die „Seele" nennt. Hinter dem Wort *Seele* steckt im griechischen Neuen Testament oft das Wort *psyche*. Es bezeichnet den immateriellen, unsichtbaren Teil des Menschen, den Sitz des Empfindungs-vermögens im Menschen, mit dem er wahrnimmt, reflektiert, fühlt, sich nach etwas sehnt; den Sitz des Willens und der Zielbestimmung.[1] Robert Beverly Hale sagte, dass Kunst ein Loch in das Unterbewusstsein breche und darin fische.

An einigen Stellen bedeutet das griechische Wort für „Geist" im Neuen Testament – *pneuma* oder „Atem" – genau das Gleiche. Wir könnten sagen, dass Kunst fast schon geistlich in uns wirkt. Die Erfahrung, die wir über sie mithilfe unserer Gefühle und unserer Seele machen, kommt einer wirklich übernatürlichen Erfahrung wohl am nächsten.

Darum wird seit hunderten von Jahren über Kunst geschrieben, gestritten und gesprochen und darum bereitet sie uns so viel Vergnügen. Aus diesem Grund sollten wir Kunst respektieren und uns ihr einsichtig nähern.

Kunst ist mächtig

Der Grund, dass Kunst immer wichtiger wird, ist zum Teil darin zu finden, dass wir mit größerem Wohlstand gesegnet sind und zunehmend Einkommen zur Verfügung steht – zumindest in den entwickelten Ländern. Mehr Menschen als jemals zuvor können es sich leisten, sich an Kunstwerken zu erfreuen und sie zu schaffen. Verbunden damit ist der Schrei nach dem Übernatürlichen in unserer postmaterialistischen Zeit. Das Zeitalter des Rationalismus in Europa raubte vielen Menschen die Gelegenheit, die kreative und intuitive Seite der menschlichen Psyche zu entwickeln. Jetzt suchen die Menschen nach Wegen, die geistliche Seite ihrer Natur anzuregen und zu nähren.

Wir befinden uns in unsicheren Zeiten. In schwierigen Zeiten, Zeiten, in denen sich schnell Veränderungen ergeben, tendieren die Menschen dazu, ihre Sicherheit in einem von zwei Extremen zu suchen. Entweder steuern sie religiösen Fundamentalismus an, wie wir es in einigen islamischen Ländern sehen können, oder sie suchen Trost in persönlichen geistlichen Erfahrungen.[2] Die Symbolik eines neuen Jahrtausends lässt viele Menschen nach einem höheren Sinn im Leben suchen. Die Kunst bietet uns alternative Wege, uns selbst und unsere Umgebung zu betrachten und zu bewerten, sie bietet sogar Denkanstöße, wenns darum geht, zu erklären, warum es uns gibt.

Natürlich gibt es auch Menschen, die einen dritten Weg wählen – den Hedonismus (Genusssucht). In Zeiten, in denen sich viel verändert, wollen einige Menschen glauben, dass es *keinen* tieferen Grund gibt, dass der Mensch lebt. Und wenn schon alles keinen Sinn ergibt, sagt der Hedonist, dann stopfen wir doch so viele schöne Erfahrungen wie nur möglich in unser kurzes Leben, bevor der Vorhang fällt oder die Bombe hochgeht. Ein Schriftsteller drückte es einmal so aus: Wir hätten das sechste menschliche Bedürfnis erfunden – das Bedürfnis nach Neuem, der andauernden Anregung unserer Sinne auf neue und aufregende Weise. Kunst kann einigen Menschen dieses Neue bescheren.

Als Christen erfüllt uns das wachsende Interesse an geistlichen Dingen in unserer Gesellschaft mit Hoffnung. Wir sehen darin die Erfüllung der Verheißungen Gottes, Verheißungen, die vor langer Zeit Seher wie Joel aussprachen:

> *Und danach wird es geschehen, dass ich meinen Geist ausgießen werde über alles Fleisch. Und eure Söhne und eure Töchter werden weissagen, eure Greise werden Träume haben, eure jungen Männer werden Gesichte sehen. Und selbst über die Knechte und über die Mägde werde ich in jenen Tagen meinen Geist ausgießen.*
>
> Joel 3, 1–2

Eine rein materielle, nur rational denkende Generation kann den Gott der Bibel niemals kennen lernen, da Er nur durch Glauben erfahren werden kann. Glaube benötigt ein gewisses Maß an geheiligten Vorstellungen. Es geht darum, das wahrzunehmen, was noch nicht gesehen werden kann.[3]

Die Kunst schuldet der Gemeinde ...

Was du auch von der Gemeinde halten magst, du kannst den Beitrag, den christliche Geschichten, Lehren und Vorstellungen zur Entwicklung der Kunst in der westlichen Welt geleistet haben, nicht verleugnen. Von der Malerei über die Bildhauerei bis hin zur Architektur und Musik hatte das Christentum einen sehr großen Anteil an der Entwicklung der Kunst im Westen.

So kann man zum Beispiel nicht überbewerten, was das Christentum zur Musik beigesteuert hat. Als J. S. Bach seine berühmtesten Werke schrieb, kritzelte er bei vielen die Worte „Soli Deo Gloria" (Gott allein gebührt die Ehre) auf sein Manuskript. Die Musik, die er für die Kirche schrieb, umfasst zweihundert Kantaten, Oratorien für Ostern und Weihnachten, zwei große Passionen (*Matthäuspassion, Johannespassion*) sowie die *Messe in H Moll*. Die letzten siebzehn Jahre seines Lebens war er Musikdirektor an einer christlichen Chorschule in Leipzig.

Auch viele der Meisterwerke Georg Friedrich Händels drehen sich um biblische Themen wie *Israel in Ägypten* (1739) und um Charaktere aus der Bibel wie *Belshazzar* (1745), *Samson* (1743) und *Saul* (1739). Seine bekanntestes und anerkanntestes Werk war natürlich *Der Messias* (1742).

Viele andere Komponisten, einschließlich begnadeter Genies wie Beethoven und Haydn, investierten Zeit und Kraft, Stücke für die Kirche zu schreiben. Einige, wie Franz Liszt, standen eine Zeit lang im vollzeitigen Dienst.

Natürlich kann man argumentieren, dass die Komponisten deswegen christliche Lieder schrieben, weil die Kirche eine der wenigen Einrichtungen war, die über die Mittel verfügten, diese Komponisten finanziell zu unterstützen. Sicherlich war das die Motivation mancher. Dennoch gab es viele, die durch die schiere Menge und Qualität ihrer christlichen Werke ihre starke Zuneigung für geistliche Themen offenbarten.

Das Christentum hatte auch einen enormen Einfluss auf die Malerei, das Zeichnen und die Bildhauerei. Wenn du das nicht glaubst, spaziere mal durch eine der großen europäischen Galerien, das wird deine Meinung mit Sicherheit verändern. Meister wie Michelangelo, DaVinci und VanGogh verarbeiteten christliche Themen in ihren Skulpturen und Gemälden oder fertigten sie für christliche Zwecke an. Buonarotti Michelangelo, dessen enormes Talent das Hoch der Renaissance dominierte, machte sich einen Namen mit seinen erstaunlichen Skulpturen wie *Pieta* und *David*. Für *David* brauchte er drei volle Jahre, den Fresken in der Sixtinischen Kapelle widmete er vier Jahre.

Am Anfang

Wir können den Einfluss des christlichen Glaubens auf die westliche Kultur bis zu den Anfängen des Christentums zurückverfolgen.

Als das Christentum unter Konstantin zur offiziellen Staatsreligion wurde, wurde die römische Kunsttradition übernommen, um christliche Symbole und Heilige darzustellen. Was im Osten des Imperiums folgte, wurde als die byzantinische Epoche bekannt, benannt nach der Stadt Byzanz, dem Zentrum des damaligen Reiches. Später wurde diese Stadt als Konstantinopel bekannt. Kirchen wurden mit Mosaiken dekoriert und christliche Bilder wurden in glitzernden Farben gemalt. Die Ikonenmalerei war zu dieser Zeit sehr beliebt und lebt bis heute in Russland und Griechenland weiter.

Zur gleichen Zeit entstanden in christlichen Klöstern einige der schönsten illustrierten Handschriften, die es je gab. Wir können auch heute noch Beispiele dieser reich verzierten Kunstwerke in Museen bestaunen – beispielsweise die berühmten *Lindisfarne-Evangelien* im Britischen Museum. In Irland, zum Beispiel, verbanden evangelistische Mönche oft die Symbole und Zeichen der ortsansässigen Stammeskunst mit biblischen Texten, sodass die Menschen sich besser mit der Botschaft identifizieren konnten. Immer mehr von Hand verzierte Manuskripte entstanden, bis die Druckerpresse 1450 erfunden wurde.

Hundert Jahre später verbanden Kunstformen, die an die römische Kunst angelehnt waren, Bilder aus der Natur mit denen der Mythen und Religion. Wilde Tiere, mittelalterliche Krieger und biblische Helden schlugen sich um die Aufmerksamkeit. In der Zeit der

Gotik, vom späten zwölften bis zum fünfzehnten Jahrhundert, kam mit der Buntglasherstellung eine völlig neue Kunstform auf. Riesige Platten aus farbigem Glas erhellten die großen Kathedralen der Zeit, jede erzählte eine Geschichte aus der Bibel oder illustrierte eine bestimmte Wahrheit. Selbst heute noch sind sie beeindruckend.

Der christliche Glaube trug auch viel zur Kunst des Kopierens bei. In den Tagen vor der Druckerpresse arbeiteten begabte Künstler in Handarbeit an Manuskripten mit nichts in der Hand als Taschenmessern, Federn und Pergament. Und doch schufen sie Bücher, denen selbst im Zeitalter der digitalen Fotografie eine außergewöhnliche Schönheit zugesprochen wird. Diese Menschen betrachteten ihre Arbeit als eine Möglichkeit, Gott zu verherrlichen.[4]

Gott ist im Haus

Von allen Künsten sehen wir in der Architektur das wahrscheinlich größte Zeugnis für Jesus durch die Zeitalter. Viele der Meisterwerke westlicher Architektur sind Jesus geweiht.

Michelangelo war eine Zeit lang oberster Architekt beim Bau des unglaublichen Petersdoms in Rom und fügte die beeindruckende Kuppel hinzu. Er hinterließ uns auch das wunderschöne Deckenmotiv und das *Jüngste Gericht* an der Altarwand der Sixtinischen Kapelle.

Christopher Wren, der berühmte englische Architekt, baute viele Kirchen in London einschließlich *St. Bride's*. Nach dem großen Brand in London im Jahre 1666 wurde er beauftragt, einundfünfzig Kirchen wieder aufzubauen, unter anderem die wunderbare Londoner St. Paul's-Kathedrale – bis jetzt sein berühmtestes Werk. Viel später trug der spanische Architekt Antonio Gaudi zur architektonischen Feier Christi bei mit seiner *Kirche der Heiligen Familie* in Barcelona – Baubeginn war 1883.

Der christliche Einfluss auf die Architektur begann in byzantinischen Zeiten, als die Kirchen zum ersten Mal den griechischen Kreuzplan aufnahmen. Es ging dann weiter mit dem römischen Baustil und seinen runden Gewölben und der gotischen Epoche mit ihren besonders spitz zulaufenden Bögen und gewaltigen

Strebebögen, die den Anschein erweckten, als wollten sie das Gebäude in den Himmel heben. Während der Renaissance wurden bedeutende Künstler wie Alberti, Brunelleschi, Bramante und Palladio von christlichem Gedankengut beeinflusst.

In vielerlei Hinsicht bereitete die Verbreitung des Materialismus und des wissenschaftlichen Rationalismus im zwanzigsten Jahrhundert dem Bau von großen, verzierten Gebäuden endgültig ein Ende. In den Dreißigerjahren übernahm ein neuer Stil die Führung, der Modernismus oder auch Funktionalismus. Wie es der Name schon nahe legt, versuchte man, alles zu entfernen, was keinen klaren Zweck erfüllte. Dekoration war „out" und das Einfache war „in". Neue Gebäude wurden zunehmend zu Ehren eines neuen Gottes, nämlich des Materialismus, errichtet.

Viele Architekten hatten das Gefühl, ihrer Kunst sei die Seele geraubt worden. Es ist kein Zufall, dass das Wort „Modernismus" auch benutzt wird, um eine theologische Bewegung zu bezeichnen, die zur selben Zeit aufkam. Sie lehrte, dass Wissenschaft und Philosophie der biblischen Wahrheit vorgezogen werden sollten. Einige moderne Architekten beklagen den Mangel an geistlicher Kraft in den neuen Gebäuden unserer Zeit. Wahrscheinlich benötigen wir, so sagen einige, eine religiöse Erweckung, bevor wir wieder im Stande sind, in einem wirklich großen und erhebenden Umfang zu bauen.

Vorspulen …

Natürlich hörte die Entwicklung der Kunst nicht mit dem Tod des letzten klassischen Komponisten, Künstlers oder Architekten auf. Die Fotografie ist nur ein Beispiel einer modernen Kunst, die von Männern und Frauen genial benutzt wird, die Zeiten, in denen sie leben, wiederzugeben und dazu beizutragen, diese Zeiten zu gestalten.

In unserer Zeit ist die wahrscheinlich beliebteste Kunstform der Film. Wo die Menschen einst in eine Kathedrale gingen, um sich Kunst anzusehen, kaufen sie heute eine Eintrittskarte fürs Kino. Nicht alles, was auf Zelluloid kommt, kann Kunst genannt werden, doch hat uns das Kino einiges gegeben, das von andauerndem ästhetischen Wert ist.

Kunstfilme werden oft von den Filmfans und Kritikern als hohe Kunst bejubelt. Aber populistischere Filme wie *Vom Winde verweht*, *Braveheart* und *Gladiator* verdienen Achtung sowohl für ihre Aufmachung und ihren Umfang als auch für die Geschichte, die sie erzählen. Das Meisterstück von Orson Welles, *Citizen Kane*, wurde von vielen Autoren zum einflussreichsten Film des zwanzigsten Jahrhunderts gewählt, auf jeden Fall das Werk eines Genies.

Wir dürfen begeisternde Entwicklungen in den Bereichen der Spezialeffekte, der virtuellen Realität, der holografischen Projektion, der Laser-Technik und der digitalisierten Bilder miterleben. Jede dieser Technologien bietet noch nie da gewesene Möglichkeiten für den Künstler, der willens ist, neue Gebiete zu erforschen.

Autoren, Illustratoren, Trickfilmzeichnern und Künstlern jeder Art stehen die aufregenden Möglichkeiten des Internets zur Verfügung. Einige Wissenschaftler und Künstler sehen bereits heute den Tag voraus, an dem wir Kunst nicht mehr so sehr über äußerliche, natürliche Medien erleben werden, sondern über die direkte „Injektion" elektrischer Botschaften in verschiedene Bereiche unseres Gehirns.

Es werden weiter neue Kunstformen und frische Kunstwerke erscheinen, solange es die menschliche Seele gibt, die sich daran erfreut.

Ist Gott ein Kunstliebhaber?

Manche Menschen sehen den Gott der Bibel als jemanden, der ständig einen Kater hat, die ganze Zeit launisch ist und es gar nicht abwarten kann, uns wie Käfer zwischen Seinen Fingern zu zerquetschen, sobald wir nur anfangen, ein kleines bisschen Spaß zu haben. Das Alte Testament offenbart jedoch einen Gott, der Feines und Schönes schätzt.

Was wir heutzutage die „Umwelt" nennen, war jahrhundertelang als „Schöpfung" bekannt. Diese Bezeichnung ist viel schöner, ja, sogar künstlerisch, und erinnert uns daran, dass wir nur eine Landschaft oder einen Sonnenuntergang am Meer zu sehen brauchen, um feststellen zu können, dass der, der das alles geschaffen hat, selbst ein Künstler ist.

Der israelische König David, ein wahrer Lyriker und Poet und Autor der meisten Psalme in der Bibel, sah die Natur und drückte seine Gefühle so aus:

> *Die Himmel erzählen die Herrlichkeit Gottes, und das Himmelsgewölbe verkündet seiner Hände Werk. Ein Tag sprudelt dem anderen Kunde zu, und eine Nacht meldet der anderen Kenntnis …*
>
> Psalm 19, 2–3

In einem seiner Lieder sieht er, wie herrlich, atemberaubend und unglaublich groß Gottes Kunstwerk ist:

> *Wenn ich anschaue deine Himmel, deiner Finger Werk, den Mond und die Sterne, die du bereitet hast: Was ist der Mensch, dass du sein gedenkst, und des Menschen Sohn, dass du dich um ihn kümmerst.*
>
> Psalm 8, 4–5

Warst du schon mal in einer Kunstgalerie und hast dir ein Selbstportrait angesehen? Oft fertigten die Künstler ein solches Werk, indem sie sich einen Spiegel vorhielten. Das hat Gott im gewissen Sinne getan, als Er uns schuf, sagt die Bibel. Er schuf uns in seinem Ebenbild, um etwas Besonderes, etwas Einzigartiges von sich, seine Ewigkeit, sein geistliches Wesen widerzuspiegeln. Nichts in der Schöpfung ähnelt Ihm so sehr wie wir.

Stell dir mal eine kosmische Kunstgalerie vor, im Zentrum des Universums. Sie ist voller Ausstellungsstücke von der Erde, Menschen eingeschlossen. Die Besucher strömen aus allen Teilen der Galaxis herein. Wie würden sie auf das, was sie sehen, reagieren? Ich denke, sie würden wahrscheinlich sowas sagen: „Die Tiere sind schon großartig, und die Fauna erst, die ist fantastisch, aber in den *Menschen* – da sieht man *wirklich*, wie der Künstler sich ausdrückt!"

Wenn du in den Spiegel schaust und daran denkst, wie unglaublich komplex der menschliche Körper und die menschliche Psyche sind, musst du zugeben, dass Gott nicht nur ein Künstler ist, sondern dass Er der ultimative Künstler ist! David fasste es in Worte:

*Ich preise dich darüber, dass ich auf eine erstaunliche,
ausgezeichnete Weise gemacht bin. Wunderbar sind
deine Werke, und meine Seele erkennt es sehr wohl.*

Psalm 139, 14

Der weise Künstler

Einer der beliebtesten Könige des Alten Testaments war Davids
Sohn, Salomo. Er war nicht nur scharfsinnig - viele seiner Ehen
wurden aus politischen Gründen geschlossen –, er war auch begabt
im Planen, in der Architektur und in vielen Bereichen der Wissenschaft und Kunst. Eine Autorität schreibt, dass kein anderer Held
der Antike (möglicherweise mit Ausnahme Alexanders des Großen)
in der volkstümlichen Literatur so weit verbreitet gefeiert worden
sei. Die jüdischen, arabischen und äthiopischen Sagen über
Salomos intellektuelle Überlegenheit und seine magischen Kräfte
seien zahllos.[5]

Salomo verkörperte eine seltene Charaktermischung – er hatte den
wissenschaftlichen Hunger nach Wissen und den künstlerischen
Durst nach Schönheit. Im Gegensatz zu seinem Vater, der als Lieder-
schreiber und Lyriker auch nicht gerade als Niete bezeichnet werden
kann, regierte Salomo zu Zeiten des Friedens und hatte daher
die Zeit und Energie, sich den schönen Dingen und der Kunst
hinzugeben. Die Bibel sagt uns, dass seine Fähigkeiten direkt von
Gott kamen.[6]

Salomo schrieb zwei große Sammlungen an Sprüchen.[7] Das Buch
der Sprüche in der Bibel nennt ihn als Hauptquelle.[8] Alles in allem
werden ihm dreitausend Sprüche und über tausend Lieder zuge-
schrieben.[9] Das Hohelied Salomos ist eine wunderschöne
Sammlung ausdrucksstarker Liebesgedichte aus der damaligen Zeit.
Salomo verwendet lebendige Metaphern, um die Liebe zwischen
einem Bräutigam und seiner Vermählten zu beschreiben. Manche
sehen diese als rein sinnbildlich, ausschließlich auf tiefere, geistliche
Wahrheiten verweisend, aber ich glaube, dass es auch darum geht,
wie kostbar natürliche Schönheit und menschliche Leidenschaft
sind.

Salomo wird auch als Autor der Klagelieder vermutet, obwohl sein Name nicht genannt wird. Sie sind mit die ergreifendsten, ehrlichsten und künstlerischsten Aufzeichnungen eines Menschen, der nach der Wahrheit sucht und letztendlich sein Bedürfnis nach Gott entdeckt.

Salomo war auch ein erfolgreicher Architekt, der für seinen aufwändigen Palast und den seiner äthiopischen Frau bekannt war. Sein bedeutendstes Gebäude war allerdings der Tempel in Jerusalem, der am höchsten Punkt der Stadt – dem Berg Zion – errichtet wurde. Heute steht dort der Felsendom.

Der Tempel war das wichtigste Gebäude in Israel. Er beherbergte die Bundeslade, das Symbol der manifesten Gegenwart Gottes unter seinem Volk. Für die Israeliten war der Tempel ein Symbol dafür, dass sie als Volk einzigartig waren, und erinnerte sie an die Heiligkeit Gottes.

Architektonisch empfanden ihn die Besucher der Heiligen Stadt bestimmt als ehrfurchtgebietend. Aufgrund seiner enormen Größe überragte der Tempel die niedrig gelegenen Wohnstätten. Die goldene Farbe muss den Anschein geweckt haben, als sei er direkt aus dem Himmel gekommen. Die äußeren Wände bestanden aus großen Steinen. Jeder Raum war mit Zedernholz getäfelt und die Fußböden waren mit Zypressenholz ausgelegt. In die Wände und Türen waren Blumen, Palmen und Cherubim geschnitzt, die wiederum mit Gold überzogen waren. Nicht ein einziger Stein war zu sehen.

Salomo setzte beim Bau des Tempels berühmte Künstler und Handwerker aus allen Ecken der Erde ein.[10] Diese Kunsthandwerker vertraten die großen künstlerischen Strömungen der damaligen Zeit. Sieben Jahre wurde am Tempel gearbeitet.[11] Als die Königin von Scheba zu Besuch kam, war sie von dem Gebäude und Salomos anderen Errungenschaften so bewegt, dass sie sagte:

Das Wort ist Wahrheit gewesen, dass ich in meinem Land über deine Taten und über deine Weisheit gehört habe. Ich habe ihren Worten nicht geglaubt, bis ich gekommen bin und meine Augen es gesehen haben. Und siehe, nicht die Hälfte ist mir berichtet worden von der Größe deiner Weisheit. Du hast die Kunde, die ich gehört habe, übertroffen.

2. Chronik 9, 5–6

Hunderte von Jahren später wurde die Sixtinische Kapelle nach den Dimensionen des Tempels von Salomo erstellt. Ihre zwanzig Meter hohe Decke wurde zur Leinwand eines der berühmtesten Fresken in der Geschichte der Kunst. Salomo wäre stolz gewesen!

Der salomonische Tempel war ein architektonisches und künstlerisches Wunderwerk der damaligen Zeit, sowohl im Hinblick auf die Konstruktion als auch im Hinblick auf seinen wunderschönen Inhalt. Interessanterweise wählte Gott diesen Ort, um seine besondere Gegenwart in Israel zu manifestieren.[12] Also sehen wir, dass Gott kein Gegner der Kunst ist, vielmehr ist der Gott des Alten Testaments ein begeisterter Befürworter der Kunst! Die größten Werke wurden zu seiner Ehre geschaffen. Er sagt sogar, dass Er den Tempel Salomos beiseite gesetzt hatte, um seinen Namen zu verherrlichen.[13]

Keine Götzenbilder?

Warum beharrte Gott so beständig darauf, dass das Volk Israel kein Bildnis von Ihm machen sollte?[14] Wollte Er so jeglichen kreativen Ausdruck ihrer Anbetung und ihres Glaubens ersticken? Wäre es denn so falsch, das, was ihnen am wichtigsten war, künstlerisch auszudrücken? Nein, sie sollten nur davor bewahrt werden, in eine von zwei Fallen zu tappen, die das Ende ihrer Religion und ihrer Nation bedeutet hätten.

Bildnisse von Gott anzufertigen, hätte erst einmal ihr Konzept von Gott „eingefroren". Wenn du deine Vorstellung von Gott in Stein gehauen hast, hast du somit jede weitere Offenbarung ausgeschlossen. Gott wusste, dass sein Volk Ihn einzig und allein über fortschreitende Offenbarung würde kennen lernen können, wenn sein Wesen und sein Charakter über Zeit offenbart würden. Er wollte nicht, dass dieser Prozess von einem starren Bild seiner selbst behindert würde.

Zweitens würden Bildnisse bedeuten, dass sie einen Gott hätten, den sie „managen" oder kontrollieren können. Ganz gleich wie sehr man ihn auch verehrt, man fühlt sich einfach sicherer mit einem Steingott als mit der Vorstellung, dass es einen Gott gibt, der alles weiß, alles sieht, keine Grenzen kennt und den man nicht sehen oder manipulieren kann. Allein über den Glauben können wir Gott wirklich erfahren oder persönlich kennen lernen und wie wir bereits erfahren haben, geht es dabei darum, die Kontrolle abzugeben.

Gott verbot ihnen, Bildnisse von Ihm zu machen, um den reinen Glauben der Nation zu bewahren, und nicht etwa, weil er keinen Geschmack für Bildhauerei hätte.

Gott kann durch dich durchschauen!

Dem Gott der Bibel fehlt nicht der Geschmack oder die Wertschätzung für das Künstlerische. Im Grunde genommen verdanken wir diese innere, unserer Seele entspringende Neigung, uns auf höherer Ebene auszudrücken, der Tatsache, dass wir in seinem Ebenbild erschaffen worden sind. Wenn Darwin Recht haben sollte, finden wir vielleicht bald Gorillas, die Shakespeare schreiben, oder Schimpansen, die eine Sixtinische Kapelle bauen. Doch darauf werden wir wohl lange warten!

Wir sollten aber noch etwas anderes über den Gott der Bibel wissen. Er ist in erster Linie nicht am Äußeren interessiert, sondern schaut aufs Herz. Wenn Gott ein Kunstwerk beurteilt, richtet Er sein Hauptaugenmerk nicht auf das Werk an sich, wie fantastisch es auch sein mag, sondern vielmehr auf das Herz, das dahinter steht.

David galt zu seiner Zeit als gut aussehender, athletisch gebauter Mann. Vielleicht lag Michelangelos wohl proportioniertes, bewusst betontes und muskulöses Bild gar nicht mal so daneben! Dennoch sagte Gott Samuel ganz klar, dass der König, den Er salben sollte, nicht nach seinen äußerlichen Merkmalen ausgewählt werden sollte:

Denn der Herr sieht nicht auf das, worauf der Mensch sieht. Denn der Mensch sieht auf das, was vor Augen ist, aber der Herr sieht auf das Herz.

1. Samuel 16, 7

Jesus sprach das während seines Dienstes mehrmals an:

> *Der gute Mensch bringt aus dem guten Schatz Gutes hervor, und der böse Mensch bringt aus dem bösen Schatz Böses hervor.*
>
> Matthäus 12, 35

Gott akzeptierte selbst den Tempel Salomos nur unter der Bedingung, dass das Volk vor Ihm heilig bleiben müsse.[15] Der Tempel war Gott nicht das Wichtigste, sondern die abgesonderten und reinen Herzen, die die Menschen dazu bewegten, den Tempel zu erbauen. In Gottes Augen ist ein Bauwerk, sei es auch noch so wichtig und wertvoll, zeitlich und vergänglich. Viele der bedeutenden Werke der Antike, die über Jahre, ja, manchmal Jahrzehnte gebaut wurden, sind heute Staub und Asche. Doch die Seele, der Kern jedes Künstlers, ist ewig. Ihr Ziel ist Gott am wichtigsten. Wir beschäftigen uns nur mit der Kunst, mit dem Sichtbaren, Gott aber geht es zuerst um den geistlichen Zustand des Künstlers.

Jesu Leben beleuchtet einen interessanten Aspekt. Nicht allzu weit von seiner Heimat Nazareth entfernt gab es eine geschäftige und reiche Stadt namens Sepphoris, die in den Evangelien nie erwähnt wird. Sepphoris war damals der Hauptsitz der Verwaltung der galiläischen Region. Neue archäologische Nachforschungen brachten zutage, dass die Stadt ein reiches kulturelles und künstlerisches Leben aufwies, das auf dem Einfluss Griechenlands beruhte. Die Einwohner dieser schönen Stadt verfügten über ihre eigene Akropolis, ein Forum, öffentliche Bäder, ein königliches Theater und ein öffentliches Theater mit viertausend Sitzplätzen.[16] Jesus und seine Jünger konnten den Kontakt mit dieser einflussreichen Stadt kaum vermieden haben.

Es scheint, als sei Jesus mit der Kunst seiner Zeit vertraut gewesen, auch wenn Er sie nicht unbedingt immer guthieß. Er benutzte oft das Wort *hupokrites*, um das aufgesetzte Verhalten bestimmter religiöser Leiter anzuprangern.[17] Wir übersetzen das Wort mit „heucheln".

Es ist interessant, dass Jesus dieses Wort benutzte. Es war ein Wort aus dem griechischen Theater, mit dem ein Schauspieler beschrieben wurde, der seine Rolle verkleidet oder hinter einer Maske verborgen spielte. Es kann gut sein, dass Jesus ein griechisches Theaterspiel gesehen hat. Zumindest war er mit dieser Ausdrucksform und ihrer Terminologie vertraut.

Damit, dass Er dieses Wort verwendete, wies uns Jesus möglicherweise indirekt auf etwas hin, was Kunst betrifft: Kunst verfügt über das Potenzial, einen oberflächlichen Ersatz für das zu bieten, wonach wir wirklich verlangen – eine geistliche Begegnung und Beziehung mit Gott. Wenn die Kunst versucht, dieses Bedürfnis zu stillen, wird sie tatsächlich heuchlerisch.

[1] W.E.Vine, *Expository Dictionary of New Testament Words*, (1978)

[2] *Megatrends 2000*, John Naisbitt & Patricia Aburdene, (Pan Books, 1990), Seite 248–249

[3] Hebräer 11, 1

[4] Weitere Informationen zu diesem Thema unter www.christian-art.com

[5] *The New Bible Dictionary*, (Inter-Varsity Press, 1978), Seite 1202

[6] 1. Könige 5, 9

[7] Salomos Sprüche stehen uns in Sprüche 10, 1 bis 29, 27 zur Verfügung.

[8] Sprüche 1, 1

[9] 1. Könige 5, 12

[10] 1. Könige 5, 24 + 32 und 7, 13–14

[11] 1. Könige 6, 38

[12] 1. Könige 9, 3

[13] 1. Könige 9, 7

[14] 2. Mose 20, 4 und 5. Mose 7, 5

[15] 1. Könige 9, 3–7

[16] Ian Wilson, *Jesus: The Evidence*, (Phoenix Illustrated books, 1998), Seite 55

[17] Matthäus 23

9

Halleluja!

Georg Friedrich Händel ist ein guter Lutheraner, der Enkel eines Pastors. Er schreibt sein siebenundfünfzigstes Lebensjahr und ist in seinem Bereich bereits als Genie anerkannt.

Zuerst beeindruckte er die Menschen in seinem Heimatland, Deutschland, dann in Florenz, Venedig und Rom als Organist und Cembalo-Spieler, jetzt hatte er viele Jahre damit verbracht, seinen Ruf als Komponist herauszuheben. Er wurde von Adligen geehrt und von Königen angestellt.

Seit Kurzem jedoch wird er von Ängsten geplagt, dass er seine Tage womöglich in einem Armenhaus verbringen werde. Er wird immer älter, sein letzter großer Erfolg liegt weit zurück und die Gläubiger riechen schon Blut. Er braucht einen neuen Hit!

Er arbeitet gerade an einem Projekt, das ihm hoffentlich ein neues Kapitel in seiner Karriere eröffnen wird. Es ist ein Oratorium für einen bevorstehenden Besuch in Dublin. Er wird es auf einer Reihe von Benefizveranstaltungen zugunsten von Gefangenen und einem ortsansässigen Krankenhaus präsentieren.

Der Name, den er für dieses Werk ausgesucht hat, lautet: Der Messias. *Er sitzt mit dem Stift in der Hand da, schreibt gerade ein Stück, das der Halleluja-Chorus werden wird. Er weiß es jetzt noch nicht, doch dieses Stück wird das berühmteste seiner glänzenden Werke und eines der schönsten christlichen Musikstücke überhaupt werden.*

Wie er so da sitzt und nach Worten sucht, den herrlichen Melodien und Harmonien in seinem Kopf zu folgen versucht, fängt er plötzlich an, unkontrolliert zu weinen. In seinem Zimmer ist eine Gegenwart. Er kann es sich nicht erklären.

Sein Geist wird erhoben und es scheint, als bekäme er einen kleinen Geschmack vom Himmel, über den er gerade schreibt.

Im Nachhinein berichtet er seinem Diener von dieser merkwürdigen aber dennoch erhebenden Erfahrung.

„Ich glaubte", so sagt er, „ich sähe den gesamten Himmel vor mir, einschließlich des allmächtigen Gottes selbst!"

Händels *Der Messias* erweckte zum ersten Mal öffentliches Interesse bei einer Probe in Dublin am 8. April 1742. Die erste offizielle Aufführung fand einige Tage später am 13. April statt. Es war, um es milde auszudrücken, ein großer Erfolg.

Händel lebte noch weitere siebzehn Jahre und leitete viele Aufführungen seines unsterblichen Werkes. Die letzte Aufführung leitete er nur acht Tage vor seinem Tod. Charles Burney, ein Musikhistoriker im achtzehnten Jahrhundert, schrieb: „[Händels *Der Messias*] speiste die Hungrigen, kleidete die Nackten und pflegte die Waisen."

Kunst provoziert

Gott hat nichts gegen Kunst, zu verschiedenen Zeiten hat sich aber die Kunst gegen Ihn aufgelehnt.

Wenn sich Künstler zum Beispiel deutlichen Gewaltdarstellungen oder der Pornographie zuwenden, entehren sie damit den, der ihnen ihre Kreativität gab. Sie feiern etwas, das seiner Ehre entgegensteht und die Würde des menschlichen Geistes niederreißt. In den richtigen Händen kann Kunst die Seele des Menschen erheben und uns näher zu Gott führen.

Jetzt magst du vielleicht denken: „Naja, ich bin kein Künstler. Ich habe seit dem Kindergarten nichts angemalt, außer vielleicht mein Haus." Das mag so sein, du *bist dennoch* kreativ. Gott hat jedem von uns die Fähigkeit geschenkt, sich etwas vorzustellen und das, was heute noch ein Traum ist, Realität werden zu lassen. Mit anderen Worten – die Fähigkeit, etwas zu schaffen. Du magst vielleicht kein Künstler sein, wenn du mit Farbe und Leinwand arbeiten müsstest, aber vielleicht bist du ein Künstler im Umgang mit Geld

– jemand, der leicht Geld machen kann. Vielleicht bist du auch ein Künstler mit Worten – jemand, der eine Idee leicht verkaufen kann, weil du Konzepte leidenschaftlich und klar vermittelst. Was auch immer deine kreative Ader sein mag, dieses Kapitel stellt folgende Frage: Wie kannst du deine Kreativität zur Ehre Gottes einsetzen?

Und ihr Musiker, Schriftsteller, Choreografen, Fotografen, Architekten, Grafikdesigner und was ihr sonst sein mögt, wie könnt ihr eure Kunstform einsetzen, um Gott berühmt zu machen?

Kunst verfügt über die unglaubliche Fähigkeit, unsere Werte und traditionellen Konzepte in Frage zu stellen. Kunst erschüttert unsere Vorstellungen darüber, wie die Dinge gesehen werden und geschehen sollten. Sie kann uns herausfordern, nach etwas Höherem und Besserem zu suchen als dem, was wir jetzt haben. Männer wie Amos, Jeremia, Jesaja und Hosea haben den Status Quo nie hingenommen.[1] Die Arbeit des Propheten bestand darin, den Weg des Herrn vorzubereiten und den Weg gerade zu machen.[2]

Im Neuen Testament erfüllte Johannes der Täufer die Rolle eines Propheten. Wie alle wahren Künstler trug er ungewöhnliche Kleidung (aus Kamelhaaren! Autsch!) und aß wilden Honig. Auch seine Botschaft war sehr bissig:

Tut Buße! Denn das Reich der Himmel ist nahe gekommen.
Matthäus 3, 2–3

In jedem Fall bewirkte die prophetische Botschaft zwei Dinge: sie rief die Menschen zurück in die Beziehung zu Gott und rief sie darüber hinaus in ein harmonisches Miteinander. Die Botschaft war sowohl auf Gott als auch auf Menschen bezogen.

Im Laufe der Zeit haben viele prophetische Menschen die Kunst genutzt, mit ihr konfrontiert und herausgefordert. Martin Luther schrieb viele Hymnen, einige davon zu den Melodien damaliger Kneipenlieder. Seine Nachfolger gaben seine Lehre in Bildern weiter, in Lithografie und auf Holzblöcken.

Später verwendeten John und Charles Wesley Musik, Literatur und Gedichte, um ihre Botschaft zu verkündigen. Die Gründer der Heilsarmee, William und Catherine Booth, hatten die Wirkung von Postern wirklich verstanden – lange bevor sie zu dem Werbemedium wurden, das sie heute sind. Ihre Poster, die in ganz London hingen, sprachen vom „Heiligen Krieg" und anderen aufrührenden Themen. Sie nutzten die Kunst, um die Menschen anzuregen, über den Zustand ihrer Seele und ihrer Gesellschaft nachzudenken.

In unserer Zeit sollte die Kunst der Christen mehr bewirken, als nur zu besänftigen. Die Aufgabe der Kunst ist es, die Gequälten zu trösten und die Bequemen zu quälen. Ein großer Teil der christlichen Musik heute dreht sich um „mich" und „meine Bedürfnisse", dabei sollte sie uns im Grunde genommen prophetisch auf unsere Beziehung zu Gott und anderen Menschen aufmerksam machen.

Prophetisch zu sein, ist ein risikoreiches Unterfangen. Es kann dich deine Beliebtheit oder Akzeptanz kosten. Schließlich kann man nicht gleichzeitig *prophetisch* und *politisch korrekt* sein! Die Geschichte zeigt jedoch, dass wir die Menschen, die uns am meisten herausgefordert haben, am meisten bewundern. Wenn unsere Kunst nichts weiter tut, als den individualistischen, egozentrischen Schrei der Zeit wiederzugeben, verschließen sich die Menschen ihr gegenüber. Es bietet ihnen nichts Neues, erregt nicht ihre Aufmerksamkeit und gewinnt nicht ihren Respekt.

Kunstmodelle

An vielen der alttestamentlichen Propheten war faszinierend, wie grafisch, ja, sogar exzentrisch sie ihre Botschaft darstellten. Sie gestalteten großartigen Anschauungsunterricht, um die Wahrheit deutlich zu machen. Manchmal war die Lektion in ihr eigenes Leben gehüllt. Gott weiß, dass es wahr ist: Ein Bild sagt *wirklich* mehr als tausend Worte.

Schau mal: Was ist meist die Grundlage der Werbung? Es ist die Kraft der Bilder, die Kraft der Darstellung. Der Wunsch, Wahrheit nicht nur in Worten, sondern bildlich dargestellt zu erhalten, ist im Menschen verankert. Er liegt tief in unserer Seele, weil Gott so ist. Gott kommuniziert am liebsten, indem Er etwas eine Form annehmen lässt. Er packt die Botschaft, die Wahrheit, in menschliche Gestalt oder in Bilder, die wir verstehen können.

Gott sagte zu Abraham: „Sieh dir die Sterne an – so viele Kinder wirst du bekommen!" Zu Mose sprach er aus einem Busch, der brannte aber nicht verbrannte. Der Busch war nicht Gottes Spezialeffekt, er war Teil der Botschaft, ein Bild für das, was Mose einmal sein würde. Er würde zu einem Mann werden, der so von der Vision aus der Höhe in Brand gesteckt wurde, dass die Menschen aus Ehrfurcht vor Gott ihre Schuhe ausziehen würden.

Jesus war ein Prophet – der größte von allen, denn er war Gottes Sohn. Er erhob seine Stimme gegen Gottlosigkeit und Ungerechtigkeit und betonte ein verändertes Leben. Seine Geschichten waren ergreifend – und sind es immer noch. Das liegt daran, dass sie etwas in unseren Gedanken hervorrufen, mit dem wir uns leicht identifizieren können. Es sind Geschichten von entlaufenen Kindern, habgierigen Geschäftsmännern, verlorenem Hab und Gut, Investitionen, Landarbeit und vielem mehr.

Jesus benutzte oft Übertreibungen, um eine Aussage lebendig werden zu lassen. Er nutzte eine Form des Humors, die darauf basiert, etwas bis ins Lächerliche zu übertreiben. Das regt die Menschen zum Nachdenken an. Einigen kleinlichen religiösen Leitern sagte Er, dass sie Ihn an jemanden erinnerten, der ein Kamel verschluckt, an einer Mücke aber erstickt.[3] Ein andermal sagte Er, dass sie nicht versuchen sollten, einen Splitter aus dem Auge eines anderen zu ziehen, bis sie nicht den riesigen Balken aus ihrem eigenen Auge gezogen hätten.[4]

Das erinnert mich an Comics. Ich frage mich, was Jesus wohl mit Zeichentrick angestellt hätte.

Kunst kann die Wahrheit bildlich darstellen, sie kann die Botschaft oder das Konzept in einer Form darstellen, mit der wir uns leicht identifizieren können.

Kunst nimmt gefangen

Wirklich gelungene Kunst erzielt eine Reaktion, sowohl im Denken als auch in den Gefühlen. Wenn Kunst uns in diesen zwei Bereichen beeinflusst, kann sie unser Verhalten verändern. Es gibt zwei Gefahren, die wir meiden sollten, wenn wir Gott mit unseren kreativen Fähigkeiten berühmt machen wollen.

Die erste Gefahr besteht darin, dass Kunst ausschließlich ums Herz geht. Das wäre ein kreativer Ausdruck, der starke Gefühle auslöst, doch die Menschen nicht anregt, nachzudenken. Wir leben in den Worten des Autors John Smith in einer „schmerzstillenden Gesellschaft", in der Menschen nach Wegen suchen, ihren Schmerz zu stillen. Die Tabletten, die wir nehmen, sind nicht zwingend echte Tabletten. Auch Sex und Unterhaltung bieten einen einfachen Ausweg. Die Menschen wollen sich gut fühlen, aber nicht wirklich nachdenken oder vorausplanen. Daher ist es die Aufgabe des christlichen Künstlers, Menschen damit zu konfrontieren, wo sie sich gerade befinden und wohin sie gehen.

Unsere Kreativität muss verschlissene Klischees vermeiden, seien sie visueller oder sprachlicher Natur. Sie würden nur unsere Faulheit bezeugen und wecken keinerlei geistlichen Hunger. Als Jesus seinen Zuhörern Gleichnisse erzählte, waren das keine Gute-Nacht-Geschichten, die sie ins Land der Träume versetzen sollten. Er forderte sie heraus, aufzuwachen, nachzudenken und auf seine Botschaft einzugehen.

Natürlich gibt es einen grundsätzlichen Unterschied zwischen Kunst und, sagen wir mal, den meisten Predigten. Predigten sind häufig polemischer als Kunst. Sie nennen die Dinge beim Namen, klar und deutlich. Sie sprechen Klartext, malen in Schwarz und Weiß. Eine Predigt ist meist dann wirklich gut, wenn sie direkt und schwarzweiß ist (natürlich würden mehr Menschen zuhören, wenn mehr Prediger einfallsreich wären). Kunst ist allerdings keine Kunst mehr, wenn sie zu leicht zu entschlüsseln ist. Sie muss uns herausfordern, zu einer Schlussfolgerung zu gelangen.

Christliche Kunst – oder auch Kunst von Christen – mag uns nicht alle Antworten auf einmal geben, aber sie muss uns herausfordern, uns der Wahrheit zu nähern. Sie sollte uns nicht einfach in der Luft hängen lassen, ohne uns den nächsten Schritt zu zeigen.

Jesus erzählte Geschichten, die die Menschen nicht nur gefühlsmäßig einfingen, sondern sie zum Nachdenken anregten. Hatte Er eine Geschichte beendet, gab Er seinen Zuhörern Zeit, über ihre Bedeutung nachzudenken. Er sagte seinen Jüngern, dass die, die wirklich *versuchten,* sie zu verstehen, die, die wirklich nach Gottes Wahrheit *hungerten,* die Botschaft ohne große Schwierigkeiten begreifen würden. Die Wahrheit würde jedem deutlich werden, der „Ohren hat, zu hören".[5]

Er brachte seine Zuhörer dazu, sich mit der Botschaft zu beschäftigen, und sorgte dadurch dafür, dass sie seine Worte nicht vergessen würden. Was Er ihnen gesagt hatte, würde zu einem Teil von ihnen werden, und sie würden es in ihrem Leben anwenden.

In gewisser Hinsicht war Jesu Lehre sehr schwarzweiß. Er machte keine Kompromisse, Wahrheit und Irrtum wurden beim Namen genannt, richtig war richtig, falsch war falsch. Und doch beleidigte Jesus die Intelligenz seiner Zuhörer nicht. Er sorgte dafür, dass die Menschen die Wahrheit selbst begriffen.

Das Zweite, das wir meiden müssen, ist eine Ausdrucksweise, die keine *emotionale* Anziehungskraft besitzt. Viele Menschen in unserer Zeit haben ein völlig leidenschaftsloses Bild von Gott. Ihre Einstellung gegenüber dem Christentum ist völliges Desinteresse, und das aus dem einfachen Grund, dass sie nie gespürt haben, dass Gott sich für sie interessiert.

Die alten Griechen lehrten, dass drei Faktoren jede Kommunikation bestimmen: *ethos,* die Glaubwürdigkeit des Mitteilenden; *logos,* der Inhalt der Botschaft, der den Intellekt anspricht; *pathos,* die Leidenschaft des Mitteilenden und die Gefühle, die in den Zuhörern erweckt werden. Wie arbeitet erfolgreiche Werbung? Sie konzentriert sich mehr auf *pathos* als auf alles andere. Sie zielt darauf ab, eine emotionale Reaktion hervorzurufen, weil die Menschen sowohl mit ihrem Herzen als auch mit ihrem Kopf „denken".

Menschen werden oft eher von ihren Gefühlen dazu bewegt, etwas zu tun, als von ihrem Verstand. Unsere Kunst sollte echtes Einfühlungsvermögen für die Gefühle der Menschen zeigen und von dem Verlangen getrieben sein, sie auf den hinzuweisen, der ihnen helfen kann.

Der Gott der Leidenschaft

Entgegen der gängigen Meinung ist der Gott der Bibel nicht eine fade Person, die über keinerlei Empfindungen verfügt. Natürlich wäre es falsch, zu behaupten, dass Gott auf dieselbe Art emotional ist, wie wir es sind. Zum einen beeinflussen die zerstörerischen Auswirkungen der Sünde täglich unsere Gefühle. Manchmal werden wir von starken Gefühlen in den Bann gerissen, über die wir kaum Kontrolle zu haben scheinen. Gottes Handlungen werden im Gegensatz dazu nicht von impulsiven Anflügen, spontanen Launen oder scheinbar unkontrollierbaren Temperamentsausbrüchen bestimmt. Gott ist nicht im gleichen Sinne emotional wie wir es sind. Dennoch sind unsere Emotionen von Gott geschaffen und zeigen in ihrem nicht gefallenen Zustand einen Teil des Wesens Gottes.

Selbst wenn man die Bibel nur oberflächlich liest, entdeckt man einen sehr leidenschaftlichen Gott. Das Alte Testament ist voller Adjektive, die beschreiben, wie stark seine Gefühle sind. Zum Beispiel heißt es, Gottes Zorn brenne gegen seine Feinde und gegen die Feinde seines Volkes;[6] Er beschützt sein Volk mit gesunder Eifersucht;[7] und Er ist voller Eifer für seine Auserwählten.[8] Der Prophet Zefanja richtete folgende Worte an Israel:

> *Der Herr, dein Gott, ist in deiner Mitte, ein Held, der rettet; er freut sich über dich in Fröhlichkeit, er schweigt in seiner Liebe, er jauchzt über dich mit Jubel.*
>
> Zefanja 3, 17

Im Originaltext ist die Sprache noch deutlicher. Der letzte Teil des Verses lautet wörtlich etwa so: „Gott möchte um euch herumwirbeln, und das, weil Er überwältigt von Gefühlen für euch ist." Gott zeigt seine Gefühle sehr wohl, ist in keinerlei Weise gefühllos – dieser Gott ist von seinem Volk hellauf begeistert!

Die Männer und Frauen im Alten Testament, die Gott gefielen, waren ebenso leidenschaftlich. David, zum Beispiel, wurde als ein Mann nach dem Herzen Gottes beschrieben.[9] Er besaß eine Einstellung Gott und anderen Menschen gegenüber, die Gott segnen konnte. Was genau gefiel Gott so sehr an David? Eine typische Eigenschaft Davids mag seine Leidenschaft gewesen sein, seine Fähigkeit, starke Gefühle in mutige Handlungen zu kehren.

David war beispielsweise leidenschaftlich, wenn es um den Krieg ging. Als Jugendlicher stand er einem fast drei Meter großen Möchtegern-Basketball-Star namens Goliath gegenüber. Dieser Riese, der Champion der Philister, hatte die israelische Armee herausgefordert: „Schickt mir einen Mann, mit dem ich kämpfen kann, wenn ihr einen habt!" Die mutigen Israeliten taten, was viele von uns getan hätten: sie überlegten sich, wie ihre Chancen standen, und entschieden sich, den Zug nicht zu machen. Aber wie reagierte David?

> *Wer ist den dieser unbeschnittene Philister da, der die Schlachtreihen des lebendigen Gottes verhöhnt?*
>
> 1. Samuel 17, 26

Große Worte für einen Sechzehnjährigen! Letzten Endes jedoch war es der feurige Enthusiasmus dieses untrainierten Jünglings, der den Koloss stürzte und Israel zu einem gewaltigen Sieg verhalf.

David war auch im Lobpreis leidenschaftlich. Als die Bundeslade nach Jerusalem zurückgebracht wurde, konnte David nicht widerstehen, legte seine königliche Robe einen Tag ab und tanzte vor dem Herrn.[10] Er übernahm damit eigentlich die Rolle des Hofnarren. Bei einem königlichen Festzug war es die Aufgabe des Hofnarren, die Menschen zum Lachen zu bringen und sie sich über die Ankunft des Monarchen freuen zu lassen. David demütigte sich ganz bewusst vor dem König der Könige, weil er Gott so feurig liebte.

Wäre es nicht schön, in unserer Zeit begabte Künstler zu finden, denen es nichts ausmacht, wegen der Art und Weise, wie sie leben und Gott anbeten, zum Gespött zu werden? Menschen, denen es nichts ausmacht, missverstanden zu werden, weil sie ihre größte Leidenschaft Gott gegenüber und für Ihn ausdrücken und nicht zum Vergnügen der Zuschauer?

David war ebenso leidenschaftlich in der Liebe. Das brachte ihn natürlich in Schwierigkeiten. Er verliebte sich Hals über Kopf in die Frau eines anderen Mannes und sorgte, weil er Batseba geschwängert hatte, dafür, dass ihr Ehemann in einer Schlacht umkam.[11]

Doch als er vom Propheten Nathan mit dem ungeheuren Ausmaß seiner Sünde konfrontiert wurde, reagierte David wieder leidenschaftlich – mit leidenschaftlicher Buße, mit einem herzzerreißenden Schrei der Buße. Niemand, der auch nur ein wenig Menschlichkeit in sich trägt, kann Psalm 51 lesen und *nicht* mit Davids Seelenqualen mitfühlen, seine Verzweiflung und sein brennendes Verlangen, Erlösung zu finden, nachempfinden.

Ist Gott leidenschaftlich? Schau dir das Leben Jesu an. Hier war ein Mann, der wusste, wie man weint. Hier war ein Mann, der wusste, wie man lacht. Hier war ein Mann, der so ganz anders war als die hochnäsigen religiösen Leiter der damaligen Zeit, so sehr, dass sich die Sünder zu Ihm hingezogen fühlten, wie zu einem Magneten. Hier war ein Mann, der mehr über das wusste, was die Franzosen „die Freude am Leben" nennen, als irgendjemand sonst. Er wusste, dass Er geboren war, um zu sterben, und füllte doch jeden Tag mit mehr *Leben*, als es sonst jemand getan hatte. Und er erklärte seinen Auftrag damit, dass Er den Menschen seine Art zu leben schenken wollte – das Leben in der Fülle, ein leidenschaftliches Leben.[12]

Letztendlich kann Kunst, die uns nicht *bewegt* und die keine Leidenschaft tief in unserer Seele entfacht, niemals auf Gott hinweisen.

Kunst entflammt die Vorstellungskraft!

Glaube ist die Fähigkeit, das Unsichtbare zu sehen und das, was jetzt noch nicht ist, zu sehen, als sei es. Die *Amplified Version of the Bible* sagt, dass der Glaube darin besteht, etwas als Tatsache wahrzunehmen, was sich unseren natürlichen Sinnen verschließt.[13] Wenn das der Glaube ist, dann dürfte dies einem Künstler eine große Hilfe sein! Schließlich ist ein Künstler jemand, der in seinem Werk die in der Kunst benötigten Qualitäten der Feinfühligkeit und Vorstellungskraft zeigt.[14]

Der Glaube wirkt aus der Vorstellungskraft in die Realität. Wenn wir unser geistliches Glaubensleben weiterentwickeln, lernen wir, die uns von Gott gegebene Vorstellungskraft richtig einzusetzen und zu stärken. Darüber hinaus wird unsere kreative Vorstellungskraft mit Bildern erfüllt, die Gott am meisten ehren. Unser Herz brennt mit seiner Leidenschaft für andere Menschen und für seine Welt.

Wenn du dich in jemanden verliebst, lernst du das zu schätzen, was dein Partner schätzt. Dein Herz eifert danach, zu mögen, was der andere mag, und die Welt mit seinen Augen zu sehen. Je mehr deine Liebe wächst, desto mehr werden deine Sinne die Welt so wahrnehmen, wie der andere sie sieht, hört und fühlt. Wenn kreative Menschen beginnen, durch Jesus täglich in Gemeinschaft mit Gott zu leben, stellen sie fest, dass sie anfangen, die Dinge um sie herum klarer zu sehen, sie eher wertzuschätzen und als Gaben Gottes zu sehen. Ihre Sinne stellen sich darauf ein, zu mögen, was Gott mag, und zu sehen, was Gott sieht. Ihre Kunst erreicht eine neue Ebene der Wahrnehmung, der Einsicht und des Ausdrucks.

Wir Christen müssen den Boden zurückerobern, den wir verloren haben, wenns darum geht, über die Kunst Einfluss auszuüben. Gott hat uns unseren künstlerischen Geschmack und den kreativen Drang gegeben. Wir können den Geber ehren, wenn wir die Gabe freisetzen und offenbar werden lassen. Wenn wir bereit sind, die Kreativität dazu zu verwenden, Gott zu feiern und Ihm zu danken. Wenn wir danach hungern, Menschen zu Gott und zu einander zu führen. Wenn wir das Auge des Glaubens durch Lobpreis, Gebet und Bibelstudium schärfen, werden wir feststellen, wie Gott unserer Kreativität Zuwachs gibt und uns mit einem begeisternden und, ja, auch ernüchternden Blick die Welt durch seine Augen sehen lässt. Unsere Kreativität im Einklang mit dieser Vision freizusetzen wird *Gott wahrhaftig berühmt machen!*

[1] Siehe Hosea 4, 1–3 und 6, 1; Amos 4, 1 und 5, 4+6+14
[2] Jesaja 40, 3
[3] Matthäus 23, 24
[4] Lukas 6, 41
[5] Markus 4, 9
[6] 2. Mose 15, 7 und Hesekiel 38, 18
[7] Maleachi 3, 17
[8] Jesaja 26, 11

[9] 1. Samuel 13, 14
[10] 2. Samuel 6, 14
[11] 2. Samuel 11, 3–5 und 14–17
[12] Johannes 10, 10
[13] Hebräer 11, 1, *The Amplified Bible*
[14] *Collins Concise Dictionary*

Über den Autor

Mal Fletcher ist ein anerkannter christlicher Leiter, Fernsehmoderator und international anerkannter Sprecher. In seinem einzigartigen und herausfordernden Stil bringt er die christliche Botschaft in der ganzen Welt über die Medien und große evangelistische Veranstaltungen in die säkulare Kultur.

Ursprünglich aus Australien ist Mal nun in vielen Nationen als Pionier und Leiter bekannt. Er besitzt die einzigartige Fähigkeit, christliche Wahrheit auf eine Art und Weise zu vermitteln, die zum Denken anregt, Einsicht schenkt und oft humorvoll und unterhaltsam ist, sodass sowohl christliche als auch säkulare Zielgruppen angesprochen werden.

Seine Fernsehsendung, *EDGES with Mal Fletcher*, ist in über 200 Ländern zu sehen und er leitet die europäischen Leiterschaftsnetzwerke *Strategic Leadership Consultation* und *EYE*, die in jährlichen Treffen zwei Generationen bedeutender apostolischer Leiter in Europa zu strategischem Planen und zum Gebet zusammenführen.

Mal ist der Gründer von *Next Wave International*, einer zeitgemäßen Mission an die Kultur in Europa. Durch diesen schnell wachsenden Dienst erreicht er mit seinem Team nicht nur Kirchenfremde über stadtweite Veranstaltungen, das Internet und andere Medien; sie statten auch Leiter in der Gemeinde und in der Geschäftswelt mit den Fähigkeiten aus, die heutzutage nötig sind. Die *MasterClass*-Kurse über Leiterschaft ziehen Leiter aus vielen Ländern an.

Mal wuchs in einem christlichen Zuhause auf und studierte in seiner Heimatstadt Melbourne Architektur, bevor er in den frühen Achtzigerjahren den Ruf in den vollzeitlichen Dienst spürte. In den Achtziger- und Neunzigerjahren wirkte Gott durch ihn und sorgte dafür, dass *Youth Alive Australia* ins Leben gerufen wurde. Dabei handelt es sich um eine Jugendbewegung, die sich der Ortsgemeinde verpflichtet. Er war auch der erste nationale Leiter dieser Bewegung. Das begeisternde Werk wuchs in nur 10 Jahren durch die Bewegung des Heiligen Geistes in der Jugend des Landes von 300 jungen Leuten zu über 60.000. *Youth Alive Australia* wächst weiter und erfüllt mittlerweile eine Vorbildfunktion und wirkt somit auch in anderen Ländern für Jesus.

Er begann auch eine Gemeinde in einem Gebiet in seinem Heimatland, das im Bereich des New Age und des Okkulten führend war. Seine Bücher über kulturelle und leiterschaftliche Themen sind mittlerweile in verschiedenen Sprachen erhältlich.

Heute übersieht er die Mission in Europa, bereist die Welt und lehrt und predigt auf Konferenzen und Veranstaltungen zum Thema Leiterschaft. Er ist seit mehr als 20 Jahren mit Davina verheiratet. Mal und Davina haben drei Kinder.

Informationen zum Terminplan von Mal sowie Fotos, Artikel, Predigten und Bücher unter: www.malfletcher.com

Ich hoffe, dir hat dieses Buch gefallen und es hat dich inspiriert, Gott in deinem Umfeld berühmt zu machen.

Ich glaube von ganzem Herzen, dass DU in dieser sehr kreativen aber häufig verwirrten postmodernen Welt einen echten Unterschied machen kannst. Aus diesem Grund habe ich ein Arbeitsblatt zusammengestellt, das dir helfen soll, Gott mit deinen einzigartigen Gaben berühmt zu machen.

Auf dem Arbeitsblatt findest du praktische Ideen und hilfreiche Bibelstellen.

Das Arbeitsblatt kannst du auf unserer Internetseite herunterladen:

www.malfletcher.com/gbm/

Mache Gott berühmt in deinem Umfeld!

Mal Fletcher

DU ...

... kannst Mal Fletcher und seinem Team helfen, eine bleibende Veränderung in Europa herbeizuführen!

Gemäß christlichen Leitern wie Peter C. Wagner ist Europa geistlich gesehen der vermutlich schwärzeste Kontinent der Erde.

- In Lateinamerika werden täglich durchschnittlich 30.000 Menschen wiedergeboren.
- In China werden durchschnittlich 25.000 Menschen täglich wiedergeboren.
- In Afrika sind es täglich etwa 15.000 Menschen.

In Europa dagegen verlassen täglich Tausende die Kirchen und Gemeinden.

Der Dienst von *Next Wave International* verfolgt das Ziel, die geistliche Zukunft Europas zu verändern.

- -

Ja, ich möchte Mal und seinem internationalen Team helfen, indem ich diese rasch wachsende Missionsarbeit in Europa unterstütze:

Name: _____

Adresse: _____

E-Mail-Adresse: _____

Telefonnummer: _____

Bitte belastet meine:

Visa ☐   Master Card ☐   American Express ☐

Nummer ☐ ☐☐☐☐ ☐☐☐☐ ☐☐☐☐ ☐☐☐☐

Betrag (Bitte auch die Währung angeben): _____

Dies ist ein

☐ Monatliches Opfer   ☐ Einmaliges Opfer

Name auf der Karte: _____

Gültig bis: ___ / ___   Unterschrift: _____

Sende das Formular an:

Next Wave International
155 Regents Park Road
London, NW1 8BB
United Kingdom